# EL DERECHO A VIVIR DIGNAMENTE

**Luz Milena Ospina Escobar**

Reservados todos los derechos. No se permite la reproducción total o parcial de esta obra, ni su incorporación a un sistema informático, ni su transmisión en cualquier forma o por cualquier medio (electrónico, mecánico, fotocopia, grabación u otros) sin autorización previa y por escrito de los titulares del copyright, excepto breves citas y con la fuente identificada correctamente.. La infracción de dichos derechos puede constituir un delito contra la propiedad intelectual.

El contenido de esta obra es responsabilidad del autor y no refleja necesariamente las opiniones de la casa editora. Todos los textos e imágenes fueron proporcionados por el autor, quien es el único responsable por los derechos de los mismos.

Publicado por Ibukku, LLC
**www.ibukku.com**
Diseño de portada: Ángel Flores Guerra Bistrain
Diseño y maquetación: Diana Patricia González Juárez
Copyright © 2023 Luz Milena Ospina Escobar
ISBN Paperback: 978-1-68574-584-4
ISBN Hardcover: 978-1-68574-586-8
ISBN eBook: 978-1-68574-585-1

## DEDICATORIA

Dedico este libro a todas las personas víctimas del conflicto armado en Colombia, pero también lo hago extensivo a otros países en guerra; familias que deben huir de sus hogares con el corazón oprimido por el dolor, dolor por abandonar su hogar, dolor por observar impotentes cómo sus hijos son arrebatados y conducidos a la guerra como carne de cañón.

Pero en especial a los muchos niños que fueron forzados a cambiar la escuela tradicional, las matemáticas, las ciencias, el arte, etc., por las tácticas de guerra; teniendo que aprender a manejar armas, a lanzar granadas, a detonar bombas, endureciéndoles el corazón cuando eran obligados a matar a su compañerito porque intentó huir, destruyendo su corazón, destruyendo su inocencia.

Ya no tendrán el título de «bachiller académico», así los necesitan, ignorantes, ahora su título será «camarada revolucionario».

Mientras los gobiernos indolentes y vendidos, a esos reclutadores les dan el premio con poder político, aquellos al margen de la ley que han masacrado, violado y ultrajado. ¿Se puede hablar de PAZ donde abunda la impunidad? ¿Dónde está la justicia?

También va dedicado a todos los jóvenes del mundo, para que unidos puedan trabajar por la paz, el respeto y la libertad, merecen transitar para la vida, no para la guerra; el hombre no puede seguir siendo depredador del hombre; merecen liberarse de la opresión y la miseria, y no necesariamente ingresando a los programas asistencialistas, o subsidios y otras dádivas. Es el derecho al trabajo honrado para vivir dignamente, evitando así las diversas formas de esclavitud, tan tenues que parecen imperceptibles, muchos artilugios son utilizados para buscar tu sumisión. Condúcete por el camino del conocimiento, lee, aprende algo nuevo cada día, pero, sobre todo, recuerda que la integridad es tu mayor riqueza, no la pierdas.

# INTRODUCCIÓN

Qué bello e inmenso es nuestro mundo; esta gran creación que muchos no contemplamos, lo miramos sin mirar, porque si realmente nos fijásemos, se abriría nuestra conciencia y daríamos paso a la importancia de su cuidado. No solo lo destruimos poco a poco, no sabemos disfrutarlo; porque estamos tan ensimismados en nuestros quehaceres diarios, en nuestro consumismo, en dinero, en poder, y ahí se mezcla una sopa de procederes que no permiten observar al otro, creciendo así el egoísmo como común denominador, en un planeta cada vez más enfermo.

Cuando entremos en razón, encontraremos con gran tristeza cómo se acaba la capa de ozono, cómo se destruyen los bosques, cómo se calienta y deshacen los polos, cómo ahora es desértico, cómo el hambre fluye; porque ni al campo, ni a los campesinos se les apoyó. Por el contrario, se les desplazó, se les ultrajó, formando en las ciudades los enormes cinturones de miseria. ¿Y qué harán ahora los de derecha, de centro o de izquierda? Cuando por querer imponer cada uno sus ideales y su ansia de poder no se dieron cuenta de que ya no tienen «mundo» para pelear y se verá lo tarde que devolvimos la mirada, hacia la desolación, el hambre, las enfermedades y la muerte.

Enfermedades que se gestaron por contaminar el agua, volando oleoductos como tácticas de guerra, porque pensando en destruir a otros la ceguera no permite ver cómo nos destruimos a nosotros mismos, y es que para qué «poder», si no tienes agua para beber.

Esta historia está basada en muchos eventos que escuchamos a diario, sobre los diversos actos de corrupción que enlodan al país, que devastan familias, y lo poco que de ellas queda. Deben huir, correr para salvar sus vidas, para recomenzar con un corazón adolorido, llenos de venganza que en la mayoría de los casos destruye y se destruyen a sí mismos, pero la guerra nunca cesa. Son aquellos que han quedado desamparados los que deberían ocupar una silla en el congreso, pero sin dinero, sin tener quien los llore quedan en el olvido; sin embargo, los buenos somos más, trabajando por la paz, construyendo un país con emprendimiento, con educación, con oportunidades, con solidaridad, con libertad, con amor; por eso el pueblo marcha elevando su bandera blanca, intentando llevar a razonar a aquellos que tienen el poder, pero que usualmente lo utilizan para su propio beneficio.

Esperemos que en las futuras generaciones se desarrolle una conciencia que los comprometa con el medio ambiente, pero también uniendo esfuerzos para crear leyes verdaderamente responsables que judicialicen de forma severa a aquel que atente contra la naturaleza, contra los indefensos, contra los bienes particulares o del Estado, que son responsabilidad de todos.

Debe primar, ahora que todavía respiramos, la unión, la colaboración, la conservación, la solidaridad, el respeto; sin distinción de razas, credos, nacionalidad, sexo, idioma u origen social. La discriminación es una seria violación de los derechos humanos que no debe permitirse jamás. Esta mirada del mundo debe fijarse más bien en destruir la maldad, la corrupción, la violencia.

El mundo debe abrir sus fronteras a la razón, a la ciencia —para nuestro beneficio, no para destruir—, al derecho a elegir, al libre paso por el mundo que es de todos, solo cerrando fronteras al corrupto, al canalla, al delincuente.

El derecho a vivir dignamente, ¡sí!, el derecho que todos los humanos tenemos de vivir en libertad, donde no duela pagar impuestos, porque estaremos seguros de que se invertirán en el bien común. Muchos sistemas políticos tienen una gran crisis, se nombran los mismos con las mismas, no hay una verdadera representación, por lo cual debemos buscar alternativas, que se elija no al politiquero de turno, sino a un gran líder que no esté contaminado, que no arrastre ese lastre de corrupción, ese círculo vicioso que parece no romperse jamás; para ello hay que hacer una titánica labor, enseñando a los niños que ser íntegros es lo más valioso que puede poseer el ser humano. De esta manera, se puede organizar un mundo prometedor donde seamos más felices y para eso es necesario cortar de raíz ese sistema tan enfermizo que corroe y frena el desarrollo de un país en donde se evidencian la desigualdad social en todo su territorio. Seamos conscientes a la hora de elegir a los candidatos, revisemos su trayectoria, pero sobre todo que hagan efectivo nuestro lema: «LIBERTAD Y ORDEN».

Instalemos empresas tanto nacionales como extranjeras en diversos lugares, no olvidemos a los más deprimidos, organicemos un sistema educativo de calidad formando jóvenes con valores, incentivando la ciencia, el arte, la música, el deporte, etc. Si otros países pueden, también podremos nosotros. Seamos grandes, no nos conformemos con poco, creamos en nosotros, luchemos por un país pujante, emprendedor, democrático, leamos, eduquémonos, aprendamos a elegir, y si eres íntegro busca ser elegido, pero sobre todo busca LA PAZ.

Este es un sistema corrupto que ha permanecido por demasiado tiempo y es hora de una nueva era ¡pero ya! Debemos erradicar este flagelo que ha generado ríos de sangre en nuestro país; porque cada grupo se gestó buscando combatir al otro, en una guerra sin sentido, y seguimos siendo «la patria boba» guerra interna que no deja avanzar, que empobrece, que arrebata a los niños más vulnerables de sus hogares, niños inocentes conducidos a la guerra. ¿Y dónde están los derechos humanos? ¿Dónde quedan los derechos de los niños? ¿Y el Estado? Imbuidos en papeles y más papeles, en una burocracia que enferma.

Necesitamos líderes que hablen con el corazón y la razón, no con escritos finamente organizados que no tiene un sentir; que asuman con una férrea convicción espiritual, moral, democrática y sobre todo que corten de raíz las leyes tan permisivas que hacen que delinquir sea un chiste.

# EL DERECHO A VIVIR DIGNAMENTE

¿Tendremos un destino marcado? Tal vez, a lo mejor debemos cumplir con ciertos objetivos que nos permiten razonar sobre el paso por el mundo y aquello que nos ha ocurrido nos sirve de base para que otras personas, en especial los niños, puedan ser protegidos con nuevas leyes que los libere de la irresponsabilidad, de la maldad, de la corrupción, de una sociedad sin escrúpulos. Toda persona en el mundo tiene el derecho a vivir dignamente y más aún una criatura inocente que no tiene la culpa de nacer. Ese recorrido por el mundo nos lleva a buscar una vida digna, ante diversos episodios difíciles y esta es la historia que me atrevo a contar, después de muchas investigaciones, después de muchos tropiezos para averiguar por qué mi destino se había volcado tan abruptamente; algunos recuerdos estaban en mi mente, nunca se borraron y cuando se opacaban, aparecían en mis sueños.

Toda esa serie de acontecimientos que jamás pensé vivir, tantos miedos, tantas huidas, tanto esconderme, tanto correr y correr para salvar mi vida. Esa fue mi verdad, me tocó madurar a la fuerza, enfrentarme a una vida que no pedí, que simplemente se dio, que simplemente pasó, porque se estuvo en el lugar equivocado, o por el destino, ¡qué sé yo!, pero se dio; debí afrontarla con todas mis fuerzas, recordando paso a paso las palabras de mi madre, una buena madre, un buen padre, un hogar feliz, porque era feliz, tenía todo lo que un niño puede desear: amor, calor de hogar, una buena educación, todo, absolutamente todo. Y de un día para otro el destino, la vida, todo cambió; aún recuerdo cuando mi madre me llamó…

Era un día en semana con la rutina diaria, pero mamá pensó que debíamos alegrar a mi papá, pues estaba estresado por aquello del trabajo, cosas que yo no comprendía en esa época, ya que era muy chica para entender lo que sucedía y lo que sucedería después.

—Ven, hija, ayúdame a colocar la mesa, papá debe estar por llegar. Aquí, las velas, la mesa bien decorada con estas flores.

—*OK*.

—¡Estás linda!

—También tú, mami, estás linda. Me gusta ese vestido rojo, es bonito.

—¿Verdad, nena? *OK*… tra… la… la… Ya está.

—¡Oye, mami, es el carro de papá!

—Esperemos que abra la…

—¡No, yo abriré!

—Primero mira si es él.

—Sí, mami.

Moví la cortina, corrí y lo abracé.

—Oh, ¡qué bien! Es bonito, ¿qué celebramos?

—Nada, solamente pretendo que te sientas bien, amor, te he notado muy preocupado últimamente.

—Oh, ¡gracias!, ¡qué rico!

Sonó su teléfono y contestó muy afanado, diría nervioso.

—¿Qué deseas?, no me amenaces. ¡Oye!, ¡oye! —Y lanzó el teléfono al sillón.

—Ven, cálmate, siéntate, prueba el vino.

Le pasó la mano con amor por su cabello, le masajeó el cuello y luego se sentó a su lado. Me sirvió, cenamos en silencio mientras yo jugaba con el tenedor.

—Mami, solo deseo postre, ¿puedo?

—Come un poco, luego el postre y te vas a la cama, pero primero te cepillas los dientes.

—¿Por qué tengo que cepillarme todos los días? Es aburrido.

—No protestes, si no lo haces, la caries se comerá tus pequeñas perlas dentales.

Entraron a la habitación, mamá lo miró con afán, con angustia.

—¿Qué pasa? Tengo derecho a saber, soy tu esposa, dime qué pasó con esa llamada.

—Problemas en el trabajo, parece que hacer lo correcto en este país es un delito, en lugar de protección, tengo persecución.

—Pero ¿por qué? —Llevó sus manos a la cara, suspiró profundo, se sentó y la tomó de la mano—. Escúchame con atención, esto es muy delicado; ayer noté que me estaban enviando para firmar papeles muy importantes que no me competen, pensé que era un error, así que envié a mi secretaria a la oficina principal para devolver un contrato que no había elaborado, tenía muchas inconsistencias, había notado anormalidades en algunos procesos y ella fue a entregarlo. Me sorprendió porque no regresó, cerré la oficina y vine a casa. Hoy entró ella aterrada, temblando, le serví un café caliente y me explicó que no pudo salir a tiempo del edificio, que al colocar los papeles sobre el escritorio, porque la secretaria no estaba, se tropezó con el pocillo de café no terminado, fue al baño a por papel y limpió. Cuando regresó a lavarse las manos, en ese momento escuchó voces, no sabía qué hacer, pero la conversación la dejó sin aliento. Sabía que no debía salir, así que se escondió detrás de la puerta, temblaba, su corazón latía a millón, debía calmarse, pues le parecía que sus latidos la delatarían, comenzó a respirar profundo y a exhalar despacio. De repente, algo le picó, un zancudo, algún bicho, pero ella aguantó, no se movió.

—¿Pero qué decían?

—Es un tema muy delicado, prefiero que estés al margen, por protección.

Mi madre se puso de pie con enfado.

—Discúlpame, Julio César, sé que es algo grave, que estamos en peligro, no me des nombres, ni detalles, pero sí quiero saber en qué lío estamos metidos.

—Está bien, ven, siéntate. Altos funcionarios, entre ellos mi jefe, hacen parte de grupos armados al margen de la ley, unos por presión, o lo hacen o se mueren; otros, en su mayoría por dinero y poder, la ambición humana no tiene límites y cuando alguien se interpone lo desaparecen, así de sencillo.

—¡Pero eso es gravísimo! ¿Qué escuchó exactamente?

—Esos grupos se camuflan entre la gente, averiguan quiénes están a favor y dicen que ofrecen dinero para que voten por determinado candidato. Ellos celebraban porque «los jefes» habían pagado grandes sumas para que saliera electo. Cuando se enteran de quienes no han votado por su candidato, los amenazan y tienen que salir dejando sus pertenencias. Se reparten por todas partes, pueblos, ciudades, quieren controlarlo todo.

—Pero ¿qué tal? Ahora entiendo por qué los candidatos que se perfilan como honestos nunca ganan; el pueblo en manos de los delincuentes… ¿Pero cómo te involucran si no saben que tú sabes todo eso?

—Sí, ellos saben, porque la secretaria general es amante de mi jefe. Mery la llamó para que trajera la llave de la puerta principal del edificio, estaba muy asustada, no le dio mucha explicación, se despidió y salió rápidamente de ahí. Yo supongo que ella tuvo que haberle dicho al jefe que la dejaron encerrada. A ellos no les conviene que alguien sepa de su alianza, porque también hay otros «muy distinguidos funcionarios públicos». Estoy seguro de que saben que escuchó la conversación.

—Pero esa niña, tu secretaria, debe estar en peligro. ¡Oh no!, ¿qué hacemos?, ¡vámonos!, empezamos de nuevo.

—¿A dónde?

—No sé, hagamos algo, esto es horrible; si aceptas sus condiciones corres el riesgo de ir a la cárcel, y si no, te pueden callar de la peor forma. ¡Oh, Dios! —comenzó a sollozar—. ¡Hazme caso, vámonos ahora a otra ciudad!, luego nos vamos del país.

—Espera, espera, no te preocupes, pediré protección. Debes estar atenta al teléfono, ten lista una maleta y los documentos por si hay que salir rápidamente.

Estaban tan preocupados que no se dieron cuenta de que yo estaba detrás de la puerta entreabierta escuchando toda la conversación. Sabía que estábamos en problemas, tendríamos que salir huyendo; entré, mi padre se acercó, me abrazó.

—¿Escuchaste? —Asentí con mi cabeza—. Bien, probablemente tenemos que viajar lejos de aquí, recoge las cosas más indispensables, la ropa que más te guste, colócala en tu maletín, todo estará bien. Te amo, hija, recuerda siempre eso.

Me besó, luego me llevó a mi cuarto, dije mis oraciones con mamá; le pedí a Dios que nos protegiera de la gente mala. Preparé con su ayuda mi maleta, quería guardar todas mis muñecas, pero no cabían, así que me despedí de ellas, solo guarde mi osito dormilón. Lloré mucho esa noche, no quería separarme de mi casa, de mi colegio, ni de mis amigos; volví a rezar, le hablé para que nos cuidara y también a mi casa, a mis muñecas, así me quedé dormida en medio de ellas.

Sé que no fue una buena noche, no pudieron dormir, eso escuché en la mañana. Papá salió con su traje elegante, pero esta vez no usó su corbata, no estaba bien, no quería nada, deseaba pensar que las cosas tendrían solución. Mamá se quedó con el corazón en la mano, esperando su llamada. Sé que papá llegó a su oficina, su secretaria no estaba, de repente una voz chillona lo trajo de nuevo a su pesadilla.

—¡Doctor!, ¡doctor! ¡Mery tuvo un accidente! Está muy grave en el hospital.

—¿Qué pasó?

—Parece que la atropelló un carro esta mañana al salir de su casa.

Esas palabras sonaron tétricas, se dejó caer en el sillón, se sentía sin fuerzas, ¿seguiría él? ¡Por supuesto!, ¿y si lo acusaban de algo? Pues estaría muerto e igual sería culpable de cualquier acción que no hizo. Escribió una nota, debía dejar muy claro todo, por si algo le pasaba, ¿pero a quién se la entregaría? Salió como obnubilado y se montó en su auto dirigiéndose al hospital.

—Necesito verla, por favor, déjeme entrar.

—¿Es usted familiar?

—No, soy su jefe.

—Está en cuidados intensivos. Puede verla solo un momento; está muy golpeada, con múltiples fracturas, su condición es crítica.

—¿Cree que despierte, doctor?

—No lo creo, solo un milagro. Debo hablar con la familia, ¿tiene un número?

—Sí, claro, se lo daré a la enfermera.

Salió de ahí, se subió al auto, sudaba copiosamente, se sentía enfermo. ¿Cómo podían hacerle esto? Su jefe se veía tan íntegro, tan señor, ¿por qué se había involucrado en algo oscuro y de paso a él también?

Cuando iba a encender el carro vio una nota pisada con el parabrisas, la tomó abriéndola con afán: «Se calla o se muere». Miró a todas partes, sabía que lo estaban vigilando. ¡Oh!, Dios. ¿Qué debía hacer? No tenía a quien acudir, además sería involucrar a otro inocente. Y ahí colgando del espejo estaba una crucecita que mamá le había regalado… «¡El sacerdote!», murmuró. Encendió su auto, dio vueltas hasta llegar al centro comercial que estaba cerca a la casa, parqueó, subió las escaleras lo más rápido que pudo, atravesó en zigzag por diferentes sitios para perderse de quienes lo seguían; ingresó a los baños, se quitó la chaqueta y la colgó en el gancho. Luego tomó agua, se lavó la cara, sacó papel del dispensador, se secó y fue a la otra salida. Con paso normal caminó dirigiéndose a la iglesia.

—Señorita, por favor, me urge hablar con el sacerdote.

—Él está en oración y luego va a los confesionarios ¿si gusta esperar?

—No, no puedo, es urgente.

—¡Espere! Por favor, señor, yo le aviso, ¡señor! No dejo que…—No hay problema, hija; siga, Julio, siéntese, debe ser importante, no lo volví a ver en la iglesia. ¿En qué puedo ayudarlo?

—A mí no, pero a mi familia sí. —Le mostró la nota.

—¡Uhm! Es grave, ¿qué desea que haga?

—Padre, probablemente la gente que está involucrada en actos de corrupción me matará. Es algo sin salida; si no hablo puedo pasar por aprobar algo que está fuera de la ley, sería quedarme en una cárcel; y si hablo, sencillo, me matan.

—¡Caramba!, pero todavía no sé cómo quiere que le ayude.

—Prométame que buscará a mi esposa y a mi hija, que las ayudará, por si no llegan a usted, quiero que las busque y les brinde protección. Ellas solo me tienen a mí y a usted, si me pasa algo ellas… —Su voz se quebró.

—Está bien, tranquilícese, ¿por qué no va a las autoridades?

—Porque creo que los altos mandos están involucrados, trataré de huir con mi familia, pero si no lo logro prométame que estará pendiente.

—Sí, hijo, que Dios te acompañe, vete lejos con tu familia.

—Padre, otro favor, mi carro quedó en el parqueadero del centro comercial que está aquí a tres cuadras, guárdelo, utilícelo usted, aquí están las llaves y los papeles, nuevamente gracias, muchas gracias.

Tomó un taxi y se dirigió a casa, llamó a mamá, le contó lo sucedido, igual escuché todo lo que pasaba y muy angustiado finalizó diciendo:

—Lucy, toma algo de ropa, hay un dinero en una caja que parece un libro grueso rojo en la biblioteca, tenemos que irnos, corremos peligro. Si no llego, pasa por detrás a la casa de la vecina y que te saque en el auto. Por favor, ¡que no te vean! Ve a la casa cural de la iglesia del padre Ig…

No terminó la frase, el taxi se detuvo en el semáforo, un hombre bien vestido con gafas oscuras se subió.

—Señor Cañizales.

—¿Quién es usted y qué quiere?

—¡Tranquilo! El grupo desea incluirlo en su lista de colaboradores, para protegerlos a usted y a su familia.

—¿Protegernos? ¿Matan a mi secretaria y dice que quiere protegernos? Ustedes violan todos los derechos humanos, ya no tienen ideales, no pelean por el pueblo, al contrario, lo desplazan, solo quieren poder y dinero, lo que menos les importa es la gente, ¿y quiere que me una? Por Dios, máteme aquí mismo, creo que no le dolerá en absoluto.

Y sin dar tiempo a una respuesta, abrió la puerta arrojándose por el pasto del parque, se levantó y corrió en zigzag mientras escuchaba los disparos. Ya su vida era una pesadilla. Salió a la calle, no sabía si tomar un taxi nuevamente, le parecía que estaban por todos lados. Quería dar a conocer lo que pasaba al canal nacional, se arriesgó sudoroso, temblaba.

—Lléveme, por favor, al canal MNP.

—¿Es periodista?

—No —contestó secamente.

Llegó al canal, el portero lo detuvo.

—Necesito al señor Antonio Durán. Es urgente, tengo una gran noticia, sé que le interesará, por favor, déjeme pasar.

—Espere un momento, por favor. —Tomó la radio y se comunicó con la sección de noticias—. No está.

—No importa, lo espero. Necesito hacer una llamada, es de vida o muerte. —El portero le pasó el teléfono—. No contesta, ¡oh!, Dios. —Y colgó angustiado.

—Vaya, por favor, al tercer piso mano derecha oficina Nº 301.

—Bien, gracias.

—¿En qué puedo servirle?

—Necesito al señor...

—Sí, permítame, yo soy Gabriel Garcés, me enviaron para atenderlo. Siga, señor, ¿quiere tomar algo?

—Sí, por favor, agua, gaseosa, lo que sea, muero de sed.

—Bien, siéntese, voy a grabar. ¿Está bien?

—Sí, gracias.

Mientras acomodaban el equipo tomó la gaseosa, secó su sudor y respiró profundo. Miró la cámara y dijo:

—Mi nombre es Julio Cesar Canizales, todo comenzó cuando mi secretaria...

Cuando terminó, el periodista lo miraba impresionado, y con voz un tanto preocupado le dijo:

—Señor Canizales, debe ir a la policía primero que todo.

—¡Ja! Prefiero ir a ver al director de mi equipo de fútbol, en este momento no confío en nadie. ¿Cuál es tu equipo?

—Santafé, por supuesto.

—Yo amo al Medellín, soy de allá.

—Su gaseosa. —Volvió a extenderle el vaso que no había terminado.

—Gracias, gracias. Sí, sí, matan porque alguien hable mal de su equipo.

—Desdichadamente pasa mucho, ¡qué ignorancia!

—¡Ajá!, qué ignorancia y por ignorancia es que se están matando en este país. Unos porque son del equipo de la guerrilla, otros porque son del equipo de los paramilitares y si algún grupo llega a una finca y piden agua, plátanos o algún alimento, el campesino con su humildad no ve otra opción que dar lo que le piden. Además, como las armas intimidan, entonces se enteran los del otro grupo y, por supuesto, lo tachan de colaborador y muere por eso, donde no tenía alternativa o en el mejor de los casos lo amenazan, viéndose obligado a huir con su familia a formar parte de los cinturones de miseria en las grandes ciudades; porque, total, no tiene educación, solo sabe cultivar, pierde todo, hasta la fe.

—La gente humilde sufriendo y el gobierno como si nada, habla bonito en televisión, claro tiene asesores, pero todo se queda en palabras y más palabras, las acciones no se ven.

—Sí, eso es triste, anteriormente se mataban entre liberales y conservadores.

—Eso es verdad, ahora conozco algunos políticos que hacen denuncias y no pasa nada, no hay protección, o si la hay, es por algún tiempo, luego terminan muertos. Nos convertimos en el país donde no pasa nada, nos volvimos insensibles al dolor, como algunos médicos, digo algunos, no son todos menos mal, miran un objeto enfermo, poco les interesa sus dolencias, recetan y hasta se creen dioses. Le dicen al paciente o a la familia que le quedan pocos días de vida, esta enfermedad la mata en cinco años, se quedará en una silla de ruedas. Son algunos tan jactanciosos que juran que lo que dicen es la última palabra. Se debe luchar por buscar alternativas, por investigar, no formular simplemente algún calmante; si se complica, que lo atienda otro, otro que debe hacer nuevamente el proceso. Lo que no se piensa es que ese paciente mal atendido no solo no se cura, sino que la enfermedad se agudiza y, por supuesto, resulta más costoso. Lo peor es que todo el mundo se conforma con decir que es problema del sistema, no se hace la tarea completa. Y ni para qué hablar de los medicamentos, es todo una mafia, los medicamentos e insumos médicos de la clase más vulnerable son muchísimo más costosos, pues la corrupción desangra al país; por eso quiero que los medios divulguen mi problema, que es también el de muchos, mostrar la verdad al mundo de un gobierno indolente, sumergido en una telaraña que no deja avanzar. Se habla de paz, pero los que hablan han empuñado muchas armas, han segado muchas vidas, mancillado y ultrajado a muchas otras; mientras las voces de las víctimas se quedan en llanto, en dolor e impotencia porque a muchos de ellos les dan el premio con poder político y de ahí para adelante se compran voluntades con dinero o amenazas.

—¿Por qué no se protegió al niño reclutado, hijo del campesino, o al que vive en las ciudades en los barrios marginados? ¿Dónde estaba el gobierno? ¿Dónde estaban los derechos humanos? ¿Por qué todavía hay falencias y a muchas víctimas no se les ha compensado tanto dolor y sufrimiento con estudio, con dinero, con ocupar una silla en el congreso? Ellos serían los llamados para hablar de paz, para perdonar, pero sobre todo para crear leyes justas donde la palabra impunidad se entierre con su dolor. Yo no pierdo la esperanza, creo que en algún momento llegará un líder que aplicará justicia, ese que sabe de trabajo honrado para salir adelante, sin odios, construyendo país; ese patriota que lo dará todo por erradicar el hambre, la pobreza y la violencia, para que más niños inocentes no sean guiados a la guerra. Construyendo empresa ahí donde se ha perdido la esperanza, donde crece el resentimiento, el odio y la desolación. Esa construcción cargada de paz, amor, educación, sí, una educación colmada de espiritualidad para el bienestar físico y mental necesario para formar conductas positivas capaces de afrontar la adversidad.

—Se busca educar, no regalar, cuando regalamos y no incentivamos para evitar el fatalismo ese que se radica en la mente del que cree que no tiene salida y al final se conforma. Por eso lo ideal no es regalar el pescado, sino enseñar a pescar. No seamos un país que regala, seamos un país que produce; donde hay industria hay empleo, donde hay empleo se erradica el hambre y la pobreza.

—Pero ¿quién tiene la culpa? ¿Los políticos que se unen con aquellos al margen de la ley? ¿Los que se entierran en el monte con ideales que se esfumaron con el olor a coca?, ¿o el que peca por omisión que somos la mayoría? Este es un país que se desangra en una guerra sin fin, sin sentido, ¿de qué vale tener dinero y poder si estamos destruyendo nuestro mundo quedándonos sin agua? Deberíamos estar sembrando más y más árboles, pero, por el contrario, destruyen y contaminan sin compasión, un país meramente político, donde cientos de seres piensan solo en llegar al poder para buscar su propio beneficio. No hay altruismo, no se piensa en el futuro con grandes cultivos y rescatando nuestra riqueza hídrica, no se busca cómo combatir la polución o que las cárceles sean grandes centros industriales, que aquellos al margen de la ley trabajen, produzcan, que aprendan un arte, o una carrera y no emerjan peor de lo que ingresaron. Leyes donde los niños puedan vivir dignamente, en fin, no quiero aburrirte con mi charla, perdóname, es soñar con un país que probablemente no veré. Prefiero morir a vivir una vida sin libertad, manejado por grupos cuyo último interés es luchar por el pueblo y la justicia, donde las leyes, sean leyes para todos, que todos tengamos el derecho a elegir y ser elegidos, pero sobre todo de vivir dignamente. Sé que tengo las horas contadas, deben estarme buscando. Por favor, préstame nuevamente el teléfono, para colmo me quedé sin batería. —Lo tomó con afán—. Nena.

—Hola, amor me estaba bañando, estoy lista.

—Está bien, iré por ti, espérame. Si no llego, por favor, vete, las buscarán también, recuerda que ellos no quieren dejar testigos de nada. Deben esconderse y por un tiempo no salir a la calle, recuerda esto, ustedes corren igualmente peligro, ¡júramelo!

—Sí, sí, te lo juro —contestó ahogada en llanto.

Las horas parecían eternas, esperar y esperar. De pronto escuchamos unos disparos muy cerca de la puerta.

—¡Oh no!, ¡no! —gritó mamá. Su corazón latía muy fuerte, estaba aterrada—. ¡Dios! —Me abrazó. Miró por la ventana y vio a los hombres armados dirigirse a ella—. ¡Oh no!, ¡no puede ser! ¡No puede ser!

Mi padre estaba tendido en el jardín lleno de sangre. María la tomó de la mano.

—¡Vámonos rápido! Él dijo que debíamos huir.

Un hombre comenzó a empujar la puerta.

—¡Vámonos! —le gritó el otro.

Corrimos a la parte trasera, la vecina estaba aterrada y no se movió del sitio donde se hallaba. Nos tocó salir por el patio, abrimos la reja, corrimos, nos escondimos detrás de un árbol.

—María, llévate la niña.

—No, no, venga conmigo.

—No dejaré a mi esposo tirado allí.

—¡Escúcheme, señora! ¿Quiere morir usted también? Piense en la niña, vámonos que ahí viene la buseta.

Lloraba, temblaba, la gente la miraba.

—Gracias a Dios que no viene tan llena la buseta —dijo María.

Nos sentamos, pero mamá no dejaba de temblar abrazándome con fuerza. Después de casi una hora llegamos, sentía temor, no quería bajarse, en ese momento pensaba en los matones, estarían por ahí. María la tomó de la mano.

—¡Un momento! —gritó fuerte al chofer—, nos bajamos, no se preocupe la gente me conoce.

Caminamos una cuadra, llegamos a una casa humilde, entramos y mamá se sintió a salvo. María calentó un agua de panela y se la pasó, las lágrimas no dejaban de salir de sus ojos, no podía evitarlo.

—Mami, tengo sueño.

—Ven, acuéstate aquí con tu osito cariñosito —dijo María, y me quedé dormida.

—¿Qué debo hacer, María?

—Debe tranquilizarse por la niña, no puede asistir al funeral, es peligroso.

—¿Pero quién lo va a realizar? Nadie sabe lo que pasa, ni mi familia, ni la de él viven aquí en el país, solo Ignacio.

—Pues mejor, no estarían involucrados, están a salvo, yo averiguaré qué pasa; a la gente del servicio nadie le presta atención.

—María, guarda tú el libro y utilízalo para lo que necesites.

—Está bien, compraremos leche para la niña.

En ese momento entró un joven delgado de mal aspecto.

—¿Quién es?

—Una amiga a la que se le murió el esposo, se quedará aquí algún tiempo.

—¿Y en dónde?

—En mi cuarto, acomodaré una colchoneta.

Mi mamá y yo nos acostamos en la cama de María, una cama más bien chica. Mami no podía dormir, sé que pensaba en papá, lloraba y lloraba, su rostro cambió, su hermosa cara maquillada ya no existía; estaba enferma, su rostro se notaba pálido, con los ojos hinchados de llorar. Le pregunté que dónde estaba mi papi, que quería irme a casa, pero solo me abrazó, lloraba y lloraba.

María la recostó en la cama, me llevó a la cocina para darme leche con pastel, se sentó me miró y dijo:

—Tú ya eres una niña grandecita, hermosa e inteligente, te voy a contar por qué no puedes regresar a casa. ¿Sabes que el papá tenía problemas en el trabajo? —Bajé la cabeza.

—Sí, sí sé.

—¿Viste por la ventana unos hombres malos que le dispararon?

—Sí. —Mis ojos se llenaron de lágrimas—. ¿Lo mataron?

—Tu papá se fue al cielo, pero desde allá las estará cuidando y para que mamá no esté tan triste debes aceptar lo que tienes; esta casa, el colegio, tus nuevos amigos. Sé que él estará orgulloso de su hijita. Ahora a cepillarse, luego a la cama.

María se convirtió en mi madre, me daba de comer, me inscribió en el colegio del barrio; aunque no me gustó ni el uniforme, ni el colegio, además los salones tenían los pupitres rallados y dañados, pero ella me dijo que no había alternativa, que la situación era muy difícil.

Comenzaron mis clases, todos me miraban como bicho raro, pero la profe me presentó, comencé a tener amigos. Sus cuadernos no eran tan bonitos como los que yo solía tener, ni sus mochilas, pero eran amables y pronto me adapté. Para que no estuviera tan triste, me llevaron a la psicóloga del colegio, era joven y cariñosa, pero yo sentía un vacío en mi estómago porque papá no estaba, además mi mamá andaba como en otro planeta, solo me abrazaba llorando, parecía que quería morir también.

María tuvo que realizar varias diligencias de mamá, ella no quería salir ni a la puerta, sentía miedo, cocinaba y mientras lo hacía lloraba, parecía que tuviera un río dentro de su cuerpo, porque siempre salía agua de sus ojos, no se secaban. Su rostro cambió, su cabello ya no era rubio, se volvía castaño en la raíz, parecía como si su vida se la hubiese llevado mi papá, comía muy poco, se sentaba en un viejo sillón, veía la TV, sobre todo las noticias. Se dio cuenta de que a mi papá lo habían acompañado al funeral algunos compañeros de la oficina, al igual que el padre Ignacio, quien se encargó del sepelio. Según hipótesis tenía problemas con la mafia y todo estaba en investigación.

—¡Sí, la mafia, la mafia de cuello blanco! —gritaba mi mamá ofuscada.

Pasaron los días y cada vez me iba mejor en el colegio, era la mejor de la clase. Me dediqué a leer, estudiar, así no pensaba tanto en papá, no deseaba recordarlo porque me dolía mucho. Le regalé un libro a mamá, le dije que así dolía menos, lo recibió, me dio un beso, pero nuevamente sus ojos se llenaron de lágrimas, ya no sabía qué hacer para que no estuviera tan triste. Sé que estaba enferma, pero no quería ir al médico, le parecía que esos hombres malos estaban afuera esperándola, solo dormía para olvidar, para no sentir lo que estaba viviendo, sola, en ese lugar, dormía, veía televisión y leía, pero su salud comenzó a deteriorarse aún más.

—Mami, no quiero que te pase nada, porque me quedaría sola, ya no tengo a papá y no quiero perderte a ti.

—No te preocupes, hija, me cuidaré.

Pero ella era más débil que yo, sabía que estaba enferma, parecía que quería morir también, su vida ya no tenía sentido, aunque me amara.

Una mañana antes de ir al colegio, mami sufrió un desmayo. María, con su hermano, la llevó al médico, yo me quedé en casa de la vecina pidiéndole a Dios que no se la llevara, que la curara, que no era justo. Al regresar me dijeron que estaba bien, pero su color amarillo verdoso me decía lo contrario.

Pasaron los días, y no se recuperaba, seguía con sus desmayos. María le pidió cita con un especialista, pero renegaba por la demora para asignarla.

Me sentía muy mal porque no se mejoraba, estaba más delgada, casi no hablaba, parecía muerta en vida, me abrazaba fuerte contra su pecho, su cara reflejaba una gran tristeza, un dolor en el alma que yo no podía curar y al parecer los médicos tampoco.

Para colmo de mis males en el colegio las cosas comenzaron a complicarse; había una chica pecosa, pelirroja, que me miraba mal, estaba molesta conmigo. Un día nos hicieron un examen que muy pronto terminé, la profe me miró algo sorprendida.

—Siéntate aquí, a mi lado —me dijo con cariño—. Ayúdame a pasar esta lista.

No porque la necesitara, creo, sino para mantenerme ocupada mientras mis compañeros terminaban, y parece que eso le molestó a la pelirroja.

Así pasaron los días, ahora mi mamá estaba más tranquila, salía a la tienda del barrio a por comida, con el dinero que nos dejó papá, pasaba tiempo en terapias con exámenes y medicamentos.

Por otro lado, al hermano de María le estaba cambiando la voz por aquello de la adolescencia, no sé exactamente cómo era eso, según María un bicho raro que le picó.

Con el paso de los días mamá tuvo que ser hospitalizada, fui a verla, me abrazó, sus ojos estaban opacos, tristes; sonrió cuando le di la flor que tomé del jardín.

—Es tan linda como tú, mi ángel, ven, escúchame con atención lo que te voy a decir. Tal vez Dios me quiere allá en el cielo, junto a tu padre, no quiero dejarte sola, pero debemos aceptar su santa voluntad. Yo sé que tú algún día te reunirás con nosotros, pero tu padre y yo queremos que seas una gran profesional, que estudies mucho, que te cases y nos des unos hermosos nietos.

—¿Para qué?, si no los van a ver.

—Sí, sí los veremos desde el cielo, e igualmente te acompañaremos. Necesito que por tu padre y por mí seas muy fuerte, no dejes que nadie te lastime, tienes derechos, puedes defenderte. Cuando por algún motivo no tengas la protección de María, ve a esta iglesia del barrio Santa Rita y busca al padre Ignacio, él te bautizó, además conoce toda nuestra historia; tu papá le recomendó a él que nos cuidara, ¿me escuchaste bien?

—Ahora era yo la que no paraba de llorar.

—¿Por qué Dios se los quiere llevar a ustedes?, ¿por qué no me lleva a mí también?, yo le prometo que rezaré más, y me arrepentiré de mis pecados.

—Cuáles pecados vas a tener, hijita, si eres un angelito. Debe ser que él te quiere para grandes cosas en este mundo, debe tener una misión para ti, todos venimos a cumplir una misión, la mía fue tener una hermosa hija como tú. No te rindas.

Y Abrazada a ella escuché todos sus consejos, quería protegerme, que no me desviara del camino, me entregó una agenda con algunos nombres subrayados, además de una nota para el padre Ignacio.

—No la vayas a tirar, guárdala como un tesoro, algún día te servirá.

María en una esquina se secaba las lágrimas con una servilleta que estaba en la mesita de la comida. Salimos del hospital y dos días después mamá murió.

La enterramos en el cementerio central, María no se apartó de mí, lloré mucho, pero la psicóloga me explicó lo maravilloso del cielo, lo bien que mamá y papá estaban de salud, de paz y de amor, además todos los días en mis oraciones los sentía cerca como si me abrazaran.

Mis días siguieron vacíos sin ellos, las cosas empeoraban con el hermano de María porque me molestaba acariciándome el cabello, rozándome la cara... Yo lo apartaba bruscamente, me decía que solamente quería consolarme, que lo dejara que fuera cariñoso, le conté, pero como él le dijo que solo quería ser amable, ella no prestó mucha atención.

Su manera de mirarme me molestaba, pasaba cerca, como si deseara besarme. Hablé con mi compañera del colegio, me dijo que mantuviera un bate cerca para cuando lo necesitara, me ayudó a buscar un palo similar con su papá, que era carpintero, pues no tenía bate. Lo guardé debajo de la colcha que cubría la cama, pasaron los días, pensé que no me molestaría más, no podía pasar siempre donde la vecina cuando no tenía clases. Recordé que mamá me decía que tratara de buscar un lugar mejor cuando pudiera, este barrio era peligroso, había mucho malandro y expendios de drogas, que averiguara si podía recuperar la casa con la ayuda del padre Ignacio, sin que mi vida corriera peligro. Me explicó con detalle todo lo que pasó para que estuviera preparada. Ella deseaba un mejor ambiente para mí.

En el colegio las cosas seguían igual, pero yo me concentraba más en mis libros, leía y leía. Ignoraba a aquellas personas que pretendían de una u otra forma hacerme daño. Sabía que ya mis padres no estaban para defenderme o para consolarme, tenía que ser fuerte, no dejaría que nada ni nadie me lastimara, pues suficiente tenía con haberlos perdido.

No pasó mucho tiempo para demostrarme que podía valerme por mí misma. Un buen día presenté un trabajo de literatura, la profe me felicitó.

—Tiene muy buena redacción y comprendes bien.

En ese momento se levantó la pelirroja y con tono airado le dijo a la profe:

—Claro, si su mamá le hace el trabajo, ¿cómo no le va a quedar bien? Yo no pude soportar más, la tomé de su cabello crespo con todas mis fuerzas, la arrojé al suelo, la golpeé con el puño varias veces; la profe me levantó, me calmó, pero yo solo deseaba seguir golpeándola, quería desahogarme, lloré y lloré como nunca lo había hecho, no escuchaba a nadie, solo lloraba y lloraba sin parar. Me llevaron a la enfermería, me dieron un vaso con agua, y me fui calmando hasta que María llegó por mí. La profe me miró con cara de reproche, pero antes de que dijera algo, yo me acerqué y le dije con voz fuerte y clara:

—Ella no puede ayudarme porque se fue al cielo.

Desde ese día mi profe fue mi protectora, se enteró por todo lo que había pasado.

Ser la chica número uno de la clase tiene sus ventajas, pero también despierta envidia, si jugábamos al *basketball* buscaba cómo empujarme, ella era gordita, yo más ágil, y como acertaba canasta, más se enfurecía; bastaba mirarla y su expresión lo decía todo, apretando los dientes con fuerza, casi como si fuera a romperlos de la furia. Quiso darme un sacudón y al esquivarla se fue al suelo, tremendo moretón, salió del partido murmurando cosas que no entendimos; por supuesto, ganamos cuatro a tres.

Comprendí que al enemigo hay que enfrentarlo, pase lo que pase, que con más energía vences a tu oponente, que no podía mostrar debilidad porque no me dejaría en paz. Así que me preparé para estar siempre a la defensiva, si la pelirroja me buscaba, yo no la perdía de vista.

A mi amigo Juan le había comentado cómo sería sacar un chicle del cabello abundante y crespo de la enemiga número uno, y lo hizo, le lanzó una gran bola de chicle. Tal fue su furia que saltó sobre mí, lanzando fuertes puñetazos que logré esquivar, estrellando su mano contra la pared. Tan fuerte fue el golpe que se fracturó la muñeca, lesión que le costó llevar su mano enyesada por varias semanas.

Sentí lástima por ella, le pregunté qué le había hecho para estar siempre enfadada conmigo. Yo no quería pelear. Me miró y le saltaron las lágrimas.

—¿Sabes que a la gente que hace cosas malas, le pasan cosas malas?

Se lo dije para que no siguiera con su persecución, pero me pregunté para mí si yo no las había hecho: «¿por qué me pasan cosas desagradables?». Sin embargo solo pensaba en hacerme más fuerte para vengar la muerte de mi padre. Tenía tantas preguntas y ni una sola respuesta.

La profe habló con nosotras, nos enfrentó, yo no sabía por qué me odiaba, no había motivos. La profe, con su retórica, la calmó, le dijo que mi madre estaba en el cielo. Entonces ella bajó la mirada, sé que sintió pena y para que hiciéramos las pases me dejó como su tutora, con lo cual debía ayudarla, ya que no podía escribir bien. Con el tiempo nos fuimos conociendo, nos convertimos en buenas amigas y así pasaron los años.

Llegó diciembre, sin papá, ni mamá, la gente del barrio pintaba sus casas, la cuadra estaba iluminada, todos se veían alegres, algunos vecinos sacaron el equipo a la calle colocando música a todo volumen, repartiendo aguardiente. Por supuesto, era difícil dormir con tanto ruido, la puerta de la calle crujió cuando el hermano de María entró tambaleándose, quizás por el alcohol. Yo me levanté al baño, me llamó, yo seguí, pero me detuvo.

—Si me molestas, grito.

—No te voy a molestar, quiero que pruebes esto para que te sientas mejor. —Y sacó una especie de cigarrillo.

—No fumo.

—Anda, olvidarás tus problemas y te sentirás feliz.

Lo empujé y entré al cuarto, ¿será verdad que me sentiré mejor? Sembró en mí la duda, pero mi mamá me advirtió que las drogas eran el peor mal, y quien las tomara, bebiera o fumara, terminaba como un habitante de la calle.

Me acosté, a la mañana siguiente me desperté y sentí a alguien en mi cama. Cuando me di cuenta, estaba Cristian casi sobre mí. Grité, forcejee, lo empujé con mis rodillas, sus ojos estaban rojos, traté de calmarme y llamé a María. Pero él se reía a carcajadas y burlándose me decía:

—Ella no está, hoy no te me escapas, te enseñaré lo que es un hombre. Ya estás grandecita y hermosa, puede que te guste y hasta te cases conmigo ja, ja, ja.

Mientras hablaba yo tomé el bate, golpeándolo con tanta fuerza que casi saltó al piso en un charco de sangre. «¡Oh!, Dios. ¡Lo maté!, ¡lo maté!, ¡nooo!». Me invadió el terror «¡lo maté!, ¡lo maté!», repetía y rápidamente me coloqué un *jean*, tomé el saco, salí corriendo del lugar con mi morral en el que siempre guardaba la libreta con los apuntes necesarios que mi madre me había recomendado, el mismo que llevó cuando tuvo que huir.

Sentía el viento golpear mi cara, no podía detenerme, debía correr y correr, salir de ahí, de ese lugar al cual no pertenecía. Corrí y corrí atravesando calles, parques, esquivando autos; solo escuchaba el zumbido del viento que levantaba mi larga cabellera. Luego me detuve, estaba cansada, sedienta, sudorosa, sentía que me ahogaba. Me senté en aquella hermosa fuente que se veía de colores por el reflejo del sol, me refresqué y bebí un poco; estaba exhausta. Mis pies me dolían, pero eso era lo que menos me preocupaba, el estar sin ropa, sin dinero, sin padres, sin protección, ¿dónde pasaría la noche? Recordé los consejos de mi madre, en su lecho de enferma: «Cuando puedas y creas conveniente, deja este lugar, sé que ahora no podrás, porque eres todavía pequeña, pero cuando estés más grandecita, Dios te guiará, busca un hospital, una iglesia y mejor si es la del padre Ignacio, prométeme que nunca, nunca dejarás que el miedo te domine, domínalo tú a él, véncelo y triunfarás». En la mochila llevaba el nombre de la iglesia que me había recomendado mi madre, debía dirigirme hacia allí.

De repente una voz ronca me trajo de nuevo a mi realidad, era lo que mi madre llamaba un habitante de la calle: sucio, sudoroso con una maraña de cabello que daba impresión. Me levanté rápidamente alejándome de aquel lugar. ¿Dónde podría encontrar la iglesia?

—Señora, estoy buscando la iglesia Santa Rita, ¿podría, por favor, decirme dónde queda?

Ni siquiera me miraron, pasaron de largo, parecía como si no existiera.

Quería llorar, sentía hambre, pasaba por aquellos grandes almacenes con ropa elegante y gente de aquí para allá. Vi al hombre de las hamburguesas, como quería devorar una, me acerqué, esperé que atendiera a un cliente, luego le pregunté por la iglesia.

—¿La iglesia? Ah, sí, ¿vas a rezar? —Me miró morbosamente, pero me explicó hacia dónde debía dirigirme—. Y no mires mis hamburguesas porque hoy no ha sido un buen día.

Me alejé rápidamente, el olor a carne hacía que mi estómago se revolviera. Cómo dolía el hambre... Crucé las calles como el robusto hombre me había indicado, eran probablemente las 5.30 p.m., habían pasado muchas horas desde que salí de la casa entre correr, caminar y descansar sobre algún muro. Vi que algunas personas ingresaban a la iglesia, sentí que estaba de suerte, podría entrar y luego quedarme en una banca, allí pasaría la noche.

Olvidé el hambre, me concentré en el señor crucificado, pensé que no solamente yo sufría, que Jesús también había pasado muy malos momentos; oré, recordé a mi madre y a mi padre, lo felices que éramos, ¿por qué me dejaron sola?. Una lágrima rodó por mi mejilla, me sequé. Cuando sentí que la gente salía, se había terminado la misa; no me percaté, estaba tan absorta en mis pensamientos, busqué rápidamente esconderme en la columna, pero desde adentro me observaba un sacristán. Se acercó al sacerdote, le comentó lo sucedido y ambos se dirigieron hacia mí.

—¡Pero si es una niña! ¿Qué haces aquí? ¿Por qué no vas a casa?

—No tengo, padre, y si usted no me da posada tendré que dormir en la calle.

Y rompí en llanto, ya mis fuerzas no me daban más, estaba cansada, con hambre, frío y terriblemente sola.

El sacerdote notó la mirada incesante del sacristán sobre mí.

—Anda, ve y trae algo de comer, en la casa de Dios nadie debe tener hambre.

Le mostré la nota de mi madre, la leyó.

—Mira, niña, esta no es la iglesia, estamos en el norte y la de Santa Rita queda en el sur; te llevaré con el padre, me cambiaré mientras comes algo. Ve y cómprale algo de comer mientras me cambio.

La rezandera del barrio y encargada de organizar el templo interrumpió estrepitosamente.

—No puedo atenderte, Carmen, debo llevar a esta niña a la iglesia Santa Rita, deja que tu hijo me acompañe.

—Sí, claro, padre.

—Bien, vamos.

Subimos al auto y nos dirigimos a la iglesia. Cuando llegamos todo estaba apagado, tocamos fuerte, y el padre se asomó por el balcón de la casa cural.

—¡Ya bajo, espéreme un momento!

—Buenas noches, ¿en qué puedo servirles?

—¿Es usted el padre Ignacio? —Me apresuré a preguntar.

—No, jovencita, fue trasladado a otra ciudad cercana. —El padre le mostró la nota.

—Encontré a la niña en la iglesia después de la misa y dice que busca al padre.

—¿Pero eres familia o por qué?

—Mis padres murieron, yo vivía con mi empleada, pero tuve que huir porque su hermano quiso abusar de mí.

—¡Qué horror! Al padre lo trasladaron, pero sí me comentó algo acerca de ustedes. Él había hablado con la señora Belarmina, ella podrá buscar un lugar para ti.

Dio gracias al sacerdote, después de presentarle a una señora de una gran casa. Ella me miró de arriba abajo.

—¿Cómo es que una niña como tú anda en la calle?

—Tuve que huir de donde vivía, porque el hermano de María quería hacerme daño.

—Bueno, bueno, te quedarás con Lilia, ella te acomodará una colchoneta al lado de su cama y mañana te llevaré al convento.

Lilia era una morena robusta, me miró con cierta conmiseración, me hizo bañar como si tuviera peste, sentí el agua correr por mi cuerpo, bebí, bebí, estaba sedienta. Recordé a mi madre cuando me bañaba y acariciaba mi cabello, quería llorar, pero una voz brusca me trajo de nuevo a la realidad:

—¡Oye!, niña, ya es suficiente, sécate y acuéstate en la colchoneta.

—¿Y mi ropa?

—La tiré, estaba sucia y vieja. La seño trajo esta bata pa dormir, mañana te pondrás esto pa ir al convento. —Me pasó un vestido.

—Creo que no me queda.

—Claro que no, niña, pero traeré la tijera y le cortaré. Mañana te conseguirán algo de ropa.

Al día siguiente el ruido de una licuadora me despertó, el sol entraba por la ventana, me sentí aliviada, por lo menos no pasé la noche en la calle, pero el vacío en el estómago volvió y no era precisamente de hambre: «¿qué me esperaba en ese convento?, ¿serían muy estrictas las monjas? ¿Me aceptarían?, ¿tendré trabajo forzado?». Nuevamente comencé a llorar, sequé mis lágrimas rápidamente cuando vi a la empleada venir con el desayuno. Con ese acento propio de los costeños me dijo:

—Oye, niña, tómate el desayuno, te bañas y te vistes porque la seño te va a llevar pa el convento.

El vestido me quedaba bien, pues a pesar de mi edad era alta, no quería salir de la habitación vestida así, deseaba a mi madre. ¿Por qué la vida me cambió tanto?, ¿por qué tuve que huir por la parte trasera de la casa? ¿Por qué mataron a mi padre?, no podía entender lo que había pasado cuando solo tenía seis años. Ahora, cinco años después, la vida no me sonreía, ya mi madre no estaba, tuve que salir corriendo de aquel barrio de mala muerte donde me escondí con ella, porque corría peligro. Recordé sus ojos tristes cuando me explicó que mi padre había descubierto a su compañero de trabajo haciendo cosas incorrectas y por eso lo mataron.

Salí como autómata de la casa, acompañada de la señora, nos recibió una monjita de aspecto juvenil y agradable, quien nos condujo a la oficina de la madre superiora.

—Doña Belarmina, buen día, siéntese y cuénteme, ¿en qué puedo servirla? —Mientras la señora le contaba lo sucedido, la hermana superiora parecía no aceptar aquella responsabilidad—. Es muy chica para ser monja. Debería estudiar… y podría ayudarnos, ya que hay mucho oficio, pero…

Con voz tímida, la interrumpí, escuchaba la voz de mi madre diciéndome: «no temas», eso me llenó de fuerzas.

—Hermana superiora, yo haré lo que usted me pida, puedo lavar platos, barrer, bueno, no sé cocinar, pero…

—Hagamos una cosa —interrumpió—, la tendré aquí unos días mientras le encuentro un hogar que quiera recibirla y… —En ese momento sonó el teléfono, la hermana se disculpó y tomó la bocina—. Buenos días, sí, claro, padre, ¿en qué puedo servirle? Sí, sí, entiendo, pero… —Y todo el salón quedó en silencio. La hermana escuchaba y me miraba—. Está bien, padre Ignacio, como usted diga, con mucho gusto. —Al escuchar ese nombre sentí alivio, sabía que todo se resolvería—. Bien, ya hablé con el padre, ¡terminarás los estudios aquí!

—Gracias, hermana, como comprenderá yo no puedo tenerla en casa, por mi esposo, mi hijo, podría tener muchos inconvenientes.

—Es recomendada del sacerdote anterior.

—Sí, claro, yo comprendo. Está bien, pero no tengo cuartos de sobra, ¡por Dios no sé dónde acomodarla!

—Si no hay inconveniente, hermana, puede compartir el cuarto conmigo, pero debemos buscar una cama. —Con su sonrisa tierna contestó la hermana Clarita.

—No se preocupe por la cama, yo ayudaré a conseguir una, además traeré sábanas y… bueno yo buscaré lo qué más pueda traer —contestó la señora

Belarmina con cierto aire de tranquilidad, pues sabía que quedaba en buenas manos.

Me fui con la bolsa de ropa que me había entregado la señora, tímida pero aliviada porque la hermana Clarita parecía muy dulce, era pálida, blanca, de ojos claros y con una amable sonrisa dibujada en su rostro.

Me enseñó casi todo lo que podía, a rezar, a bordar; ella notó que no solo era una hermosa niña, sino que además conservaba buenos modales.

—¿De dónde eres? —me preguntó.

—Realmente no recuerdo, solo sé que era muy feliz con mi madre y mi padre, hasta que lo mataron y mi vida cambió —contesté sin poder evitar que mi voz se quebrara y mis ojos se llenaran de lágrimas.

—*OK. OK. OK.* Nada de lágrimas, ya no podemos cambiar nuestro destino, debemos ser fuertes, yo también estoy aquí porque Dios me ha salvado de muchos peligros, aquí no pasamos hambre y tenemos techo. Vivía con mi abuela, ella recibía una pensión con la que pagaba mi colegio, este colegio. Pero me quedé sola, mi abuela pagó mis estudios a las hermanas y mi manutención.

—¿Qué es eso?

—La comida y la vivienda, hasta que me volví religiosa. *OK*, no vamos a hablar más de mí. Vas a usar esta bata, que creo que te queda, mientras te dan tu uniforme. Debes mantener tu hermoso cabello recogido, no dejes que ni siquiera se note porque te lo mandan a cortar. Al principio te aburres de rezar, pero si te conectas con Dios como si él estuviera allí escuchándote, se vuelve tu mejor amigo, habla con él, cuéntale tus penas, dile qué deseas en la vida, te sentirás liviana, tranquila y tendrás mucho tiempo para pensar qué vas a hacer en tu vida, obviamente cuando termines tus estudios.

La vida en el convento comenzó no muy agradable, siempre la rutina, levantarse temprano, rezar, desayunar, lavar los platos, luego tendría que ingresar a un salón. ¿Cómo serían mis nuevas compañeras? ¿Me aceptarán? Me gustaba la idea de estudiar, pues mi madre me lo repetía muchas veces, pero las chicas de aquel lugar parecían un poco engreídas. Como si le hubiera adivinado el pensamiento, la hermana Clarita me explicó que debía colocarme la bata sencilla que usaban las novicias para inspirar respeto y así no me molestarían, además no perdía la esperanza en que realmente me convirtiera en monja, por lo menos así estaría protegida.

Comenzaron las clases como todos los lunes, la hermana superiora con su imponente figura inspiraba respeto, presentó a Sara Sofía Canizales Rodríguez; nueva compañera de estudios. Las chicas murmuraban «Es muy joven para ser monja, ¿por qué estará aquí? ¿De dónde viene?». Pero la voz fuerte de la hermana superiora acalló todos los comentarios.

Las compañeras me miraban, era cierto que el traje de novicia inspiraba respeto. En el convento no había muchas cosas por hacer, no podía salir, solamente los domingos a la iglesia, de pronto a un parque a comer algo de helado, o algún retiro espiritual en el campo, además de acompañar a la hermana Clarita al mercado.

Mi vida transcurrió entregada a mis estudios, en mi fe en Dios, leía mucho, mucho; ya le había dado la vuelta a casi todos los libros de la biblioteca, mi refugio predilecto.

Algunas de las chicas eran amables, pero a la chica 10 no le gustó para nada ocupar el segundo lugar, comenzando así la guerra del saber, buscaba cualquier ocasión para ponerme en ridículo, pero habitualmente mis respuestas eran tan claras, manejadas con tanta humildad y sabiduría que la desarmaba. Mi traje de novicia me protegía de los celos de aquellas no muy agraciadas, que no me veían como posible rival.

Luisa María era una joven delgada y bastante acomplejada, además se le dificultaba entender ciertos temas, buscó mi ayuda, compartíamos libros, temas y poco a poco nuestra amistad fue creciendo. Su padre era un abogado de mucho prestigio, su madre solo se preocupaba por su presentación y los juegos con sus amigas, así que ella permanecía más bien sola.

Para que no me miraran como bicho raro, el padre Ignacio pagó por mi uniforme de diario y el de Educación Física con sus respectivos zapatos, el resto del día usaba los vestidos de novicia que me regaló la hermana Clarita, a pesar de mi edad era casi de la misma estatura.

A Luisa le conté mi vida, la muerte de mi padre, su posible causa, la enfermedad de mi madre que la alejó para siempre, lo sola que me encontraba en el mundo.

—No te preocupes, Sarita, que no eres la única, yo me siento igual que tú, con la única diferencia de que mis padres están vivos.

Cada momento que podíamos conversábamos, pero a la madre superiora no le parecía que las novicias tuvieran mucho contacto con las alumnas, puesto que eran hijas de Dios y a él se debían. Mientras que estuviera bajo la protección de la congregación debía seguir las normas impuestas, las cuales eran muy estrictas.

Pero teníamos la disculpa perfecta para poder compartir como jóvenes muchas inquietudes, pues prácticamente me convertí en su tutora, cosa que no le disgustaba ni a la madre, ni al padre de Luisa y, por supuesto, hubo una aceptación a regañadientes por parte de la superiora.

Nos llevábamos bien, realizábamos juntas los talleres, exposiciones y demás labores del colegio. Ella levantó las notas obviamente con mi ayuda, me preocupaba y estaba siempre pendiente de todo lo de mi amiga, nos acompañábamos, nos cuidábamos, además nos escapábamos a ver alguna película con la aprobación de la mamá de Luisa, que era la que se encargaba de pedir los permisos; me regalaba ropa comenzando mi transformación. Así fueron pasando mis días hasta que cumplí los dieciséis años y la hermana superiora me llamó a su oficina.

—¿Quería verme, sor Ligia?

—Sí, hija, acércate y siéntate. Ya estás terminando tu último grado, sé que aún no eres mayor de edad, pero debes ir pensando en tu futuro como religiosa de nuestra congregación.

Me levanté como un resorte, ser monja no era lo que deseaba.

—¡Perdón, hermana superiora, yo no deseo ser religiosa! Usted sabe que tengo una vida que resolver, necesito saber qué pasó en mi niñez, por qué mataron a mi padre, además quiero ser abogada, como el papá de Luisa.

—Está bien, ¡siéntate y escúchame! No tengo excusa para tenerte aquí en el colegio, has sido muy buena alumna y el padre muy amablemente paga tu mensualidad, me alegro por ello, pero en realidad no sé, no puedes vivir aquí luego de terminar el colegio, debes comprender que son reglas de la comunidad religiosa.

Bajé la cabeza y con voz suave contesté:

—Sí, lo sé, hermana, no se preocupe, yo no podré vivir aquí, pero si me puede dar trabajo como profesora de los niños de primaria, o secretaria, no sé, por lo menos hasta que termine mi carrera. Usted no me tiraría a la calle así sin un trabajo, ¿verdad?

—Pero se necesita ciertos requerimientos para ello… hablaré con las hermanas de la comunidad y luego te aviso, ahora, por favor, retírate.

—Gracias, hermana superiora, con su permiso.

Me retiré, no podía dormir, esa sensación de vacío en el estómago, otra vez sola, completamente sola, recordaba a mamá, a papá, mis ojos se llenaron de lágrimas, comencé a pensar en el futuro, ¿qué haría? Deseaba ser militar, abogada, saber de leyes, saber de armas, de defensa; deseaba encontrar a las personas que le hicieron daño a mi papá, pero ¿cómo? ¿Por dónde empezar? Lo que más me interesaba era reconstruir mi vida, mis raíces, ¿tendría otros familiares? Quería volver a la vida que me fue negada, que me arrebataron, hasta que me quedé dormida.

Al amanecer de un nuevo día, me sentí con fuerzas, con ánimo. Salí a la formación, de pronto, una voz me regresó al mundo real.

—¡Sara!, ¡Sara, espérame, oye!

—¿Qué pasó?

—Mucho, linda, estoy contentísima, pasé las pruebas, ¿ya revisaste las tuyas?

—No, aún no.

—¿Pero qué te pasa? Si yo gané tú debes haber pasado sobrada.

—Y qué me gano con eso, no tengo con qué pagar mis estudios y no sé si la hermana superiora me dé trabajo.

—No te preocupes, yo pienso que sí, no te va a dejar tirada.

—Pero debo trabajar; ya no me puedo quedar en el colegio. ¿Por qué? Porque o me vuelvo monja, cosa que no quiero, o me voy; así de sencillo.

—De todas maneras, no te preocupes, buscaremos la solución. Ven, ven, vamos a revisar tus resultados.

Y, en efecto, mi puntaje era muy alto, aplicaría para cualquier universidad, nos abrazamos felices y corrimos a contarle a la hermana superiora.

—¡Esperen, en un minuto las atiendo! —Terminó de revisar y firmar unos papeles, estábamos ansiosas, después escuchamos su voz—. ¡Sigan, niñas!

—Hermana, queremos mostrarle los resultados.

—¡Ah!, creo que les fue bien, de lo contrario no estarían aquí. —La hermana nos miró por encima de sus anteojos, nos miramos, nos reímos con esa risa picarona—. Está muy bien, muy muy bien, las felicito.

—Sí, hermana, pero hay un problema, Sara necesita trabajo para poder estudiar, ella es muy inteligente, puede trabajar con los niños…—Ya, ya, ese tema lo tocamos luego, ahora prepárense para la graduación.

—Está bien, con permiso.

Luisa me ayudó a escoger el vestido para el grado, la hermana superiora me entregó el dinero que me había enviado el padre Ignacio, me veía muy bien.

—Pareces una princesa de los cuentos de hadas, te presto estos accesorios, te van con el vestido, ¡estás muy guapa! —decía Luisa, que no paraba de hablar.

La ceremonia fue muy bonita, hubo varias premiaciones para mí, por mi dedicación, mi alto puntaje y mi excelente desempeño académico.

Pasaron los días, comencé a recoger mis cosas, que realmente no eran muchas, mis libros, algo de ropa. Empaqué todo en cajas muy organizadas, pero aún no sabía dónde quedarme, debía rentar un cuarto, o un pequeño apartamento, buscar la universidad y luego resolver todo aquello que para mí era un misterio.

Estaba tan sumida en mis pensamientos que no me había percatado de que la hermana superiora me observaba.

—¿Qué haces?

—Terminando de empacar, hermana.

—¿Y tienes a dónde ir?

—Realmente no, debo dedicarle tiempo a ello, tengo que resolver muchas cosas de mi vida, pero aún no sé por dónde empezar.

—Bien, escúchame con atención, sabes que no me gusta repetir. —Se sentó en la silla, me ubicó frente a ella—. La hermana Clarita está muy interesada en ayudarte para que encuentres ese pasado que te atormenta, dice que esta ciudad es peligrosa para una jovencita como tú, además no conoces muchas cosas de la calle, pues gran parte la has vivido aquí y tu amiga también se ofreció, ya habló con su papá, que es abogado. Incluso el padre Ignacio también te ayudará, como verás, con fe y paciencia todo se puede, ya hemos hecho un buen trabajo contigo, te apoyaremos, pero por ahora ayudarás a las secretarias con las inscripciones y matrículas, luego la hermana Clara hablará contigo, pues tiene planes que el obispo le ha facilitado, ya que eres la creadora de ese proyecto que elaboraste para la clase de ética.

—No sé qué tiene que ver eso, pero muchas gracias, hermana.

—A mí no, dáselas a la hermana Clara y al padre Ignacio que no te desamparan, ella te contará con detalle.

—Gracias, gracias.

Me quedé emocionada. No sabía si reír o llorar, me parecía mentira lo que había escuchado, estaba anonadada con esa noticia. De pronto, una de las secretarias tocó a la puerta.

—Sarita, te necesitamos en matrícula, la superiora dijo que nos ayudarías.

—¡Sí, claro, ya bajo!

En la cena fue igual que siempre, luego el santo rosario y a la cama. Me parecieron eternas las horas para hablar con la hermana Clarita, algunas hermanas vieron televisión, otras se fueron a la cama.

—¿No van a ver el programa?

—No, jugaremos cartas y luego a dormir porque tenemos que madrugar.

—¿Madrugar?

—Sí, ven, te contaré todo.

—¿Qué pasó?

—Bien, siéntate, porque es largo de contar, te dije alguna vez que vivía con mi abuela, pues ella dejó pago de mi manutención.

El abogado de mi abuela vino a verme para entregarme las escrituras de las propiedades que me dejó: la finca, un campero y unas casas que están en arrendo.

—¡Oh!, ¡qué bien! Me alegro por ti, pero ¿y eso qué tiene que ver con lo mío?

—Mucho, te ayudaré para que puedas estudiar. —Me dio un fuerte abrazo.

—No sé por qué haces esto por mí.

—En la vida siempre Dios nos manda angelitos que cuiden de nosotros y yo quiero ayudarte.

—Te agradezco muchísimo, pero, dime, ahora que tienes dinero ¿qué vas a hacer? ¿Te vas? Esto no sería lo mismo sin ti.

—No te preocupes, en las vacaciones tú me vas ayudar y no es que te esté cobrando el favor, es que nos haría bien un poco de aire fresco.

—¿Iremos a tu finca? ¡Qué emoción!, será maravilloso salir de estas cuatro paredes.

—*OK*. No le digas a nadie esto que te conté por ahora.

La hermana Clarita era la conductora del convento, por ser la más joven, decidida y alegre, pero ahora debía preocuparse por sus asuntos, tenía que recibir la finca que su abuela le había dejado, íbamos con el sacristán, quien era el de los mandados en el colegio, joven de confianza, además se sumó Luisa, por supuesto. Estábamos felices cantando, observando el paisaje; el viento acariciaba mi cabello, lo dejé al aire, me sentía un poco libre de aquellas paredes del convento, había una vida ahí afuera que deseaba conocer.

Llegamos, nos instalamos, la casa se conservaba en buen estado, aunque había algo de maleza, nada que no se pudiera solucionar.

Luisa había llevado de todo, cremas, jabones, repelentes, comida, nos sentamos, observamos el lugar comimos; luego, la hermana Clarita envió al joven al pueblo para que consiguiera algún trabajador, había que limpiar la maleza y hacer algunos arreglos, encargamos más comida, productos para el aseo, además teníamos la excusa para alejar al joven por un buen rato y así poder efectuar la reunión.

—Bien —comenzó la hermana Clarita—, las traje aquí no solo con la intención de pasear y respirar otro aire, sino también para comentarles los planes que tengo, en los cuales obviamente están incluidas: primero, he pensado en transformar esta finca en una casa-hogar para los niños abandonados, aquellos de madres y padres irresponsables, enfermos o adictos que no pueden cuidarlos. En el convento hay una vida tranquila, cómoda, pero creo que ya que tengo la oportunidad de conservar este predio, sería bueno compartirlo con los menos favorecidos. Sé que no será de un día para otro, pero lo podemos intentar.

—Es muy loable de tu parte, hermana, por un momento pensé que te retirarías del convento.

—No, no es eso lo que quiero, deseo seguir en la comunidad, pero si puedo realizar acciones para ayudar a otros, creo que mi vida tendría un mejor sentido. Formaríamos una fundación, tu exposición de la clase de ética me inspiró y así juntas podremos hacer realidad el sueño de la fundación, ¿me ayudarían? Es un compromiso muy serio, no se puede tomar a la ligera, pero antes debemos resolver un enigma que liberaría a esta dulce niña de enorme corazón; para poder ayudar a otros, debemos ayudarla a conocer su pasado.

—Hermana, es peligroso, sé que a mi papá lo mataron, lo recuerdo muy bien, mamá y yo tuvimos que huir a la casa de nuestra empleada, recuerdo el barrio y el nombre del colegio a donde fui.

—Bueno, ya es un buen comienzo.

—digo que puede ser peligroso porque no sé cuál fue la razón por la cual lo mataron, sé que no fue por robarle.

—No te preocupes, seremos prudentes, conservaremos nuestros hábitos, pareceremos inofensivas, pero buscaremos que caiga todo el peso de la ley, ¿no es a eso que se van a dedicar? Mientras hagamos las cosas bien no debemos temer, además, es mejor morir haciendo algo y no vivir sin hacer nada.

—Tienes toda la razón y no temo por ello, lo que deben tener en cuenta es que esta es mi pelea y puede ser peligroso.

—Eso no importa.

—¡Qué maravilla! Por fin algo de emoción en esta vida rutinaria —dijo Luisa con gran sonrisa—. Hagamos un pacto de amistad, nosotras ayudamos a Sara a desentrañar sus raíces, y tú y yo ayudamos a la hermana Clarita a organizar la fundación.

—Nuestra fundación, porque sola no podría, tenemos bastante trabajo, debemos empezar ya, desde este momento. Muy bien chicas manos a la obra, ¿cómo llamaríamos a la fundación? Debemos primero que todo buscar un nombre.

—A mí me gustaría que se llamara CASA-HOGAR LUZ Y VIDA, como Sara lo describió en su trabajo, «siempre encontrarás una luz en el camino».

—Sí, sería como vaciar en este nombre esa parte de mi vida que me arrebataron, pasé muchos trabajos, me tocó salir huyendo primero a un barrio y a una casa que no era la mía, me arrebataron a mi familia, luego correr para salvarme de un salvaje que quería abusar de mí; una niña, tan solo una niña, con muchísimo miedo, tuve que enfrentarme a una vida llena de soledad, bueno, hasta que encontré a la hermana Clarita que me cuidó.

—Bien, con ese argumento no se diga más. Debemos crear una misión y una visión, la misión es proteger a los niños en estado de vulnerabilidad.

—Sí, Luisa, y como fundación podríamos impulsar, buscar caminos para que legalicen en el congreso penas más drásticas para los violadores y reclutadores.

Después de la reunión jugamos, nos divertimos, nos bañamos en el río, estuvimos observando lo maravilloso de aquel lugar donde iniciaríamos la fundación.

Debíamos aprovechar las vacaciones para iniciar la búsqueda, tomamos un directorio con el nombre del colegio, anotamos la dirección y nos llevamos al sacristán como escolta. Las tres nos unimos con devoción a nuestros proyectos, empezando por la búsqueda del colegio donde estudié; programando horarios para poder salir como grandes detectives.

Preguntamos aquí, preguntamos allá, hasta llegamos al sitio, obviamente estaba cerrado, solo encontramos al celador, no conocía a María, y es que ese nombre es tan común, el apellido tampoco le decía nada.

Recordé por dónde debía dirigirme a la casa, pero María ya no estaba allí, tocamos, tocamos y nadie respondió.

—Lo más probable es que viva en este mismo barrio, preguntemos, en las tiendas todo el mundo se conoce.

Pero no hubo respuesta.

—Esto no es de un solo día, es de paciencia y, sobre todo, constancia —dijo la hermana con tono alentador.

Algunos días de la semana madrugábamos al mismo barrio buscando a María, la señora de la casa de en frente, que barría todas las mañanas el antejardín y se saludaban muy amablemente.

Toqué hasta que por fin abrió la puerta una mujer morena robusta descuidada, me miró y dijo:

—Ella se fue hace más bien poco tiempo, porque se quedó sin trabajo y un familiar le dijo que necesitaban a alguien para oficios varios, no supe más nada.

Esa noticia oprimió mi corazón, pero me apuré a preguntar:

—¿Y su hermano?

—La pobre tuvo que buscar a la niña y cuidar a su hermano.

—¿Qué le pasó?

—Al parecer, miembros de una pandilla le cobraron algo porque lo golpearon, estuvo muy enfermo, ella creyó que se llevaron a la niña o que huyó por el susto, estaba desolada, esa niña era como su hija, la cuidó desde chica.

—¿Pero no tiene idea de ella?, ¿de algún familiar donde la pueda buscar?

—No, no sé.

—Escuche, si sabe algo me podría llamar a este número, es muy importante para mí encontrar a María.

—¿Es usted familiar?

—Sí, gracias por su ayuda, que tenga buen día.

Salimos de ahí, temerosas, pues era un lugar algo peligroso. Luisa estaba nerviosa, muy nerviosa, no estaba acostumbrada a frecuentar estos barrios.

—No puedo creer que vivieras aquí.

—Era muy chica y no tuve alternativa, mi madre murió más de soledad y depresión que de otra cosa, no estaba acostumbrada a pasar trabajos.

—¿En qué barrio vivían?

—No recuerdo.

—Qué graciosa, ya nos lo hubieses dicho.

—Apenas empezaba a estudiar.

—Tendríamos que recorrer los colegios para averiguar en cuál de ellos estuviste inscrita, deben tener tu dirección y los datos de tu papá o mamá.

—Será una ardua tarea.

—No se preocupen, niñas, iremos poco a poco, así tengamos que exprimir la ciudad, daremos con todo lo que necesitamos saber, debemos organizar un horario de búsqueda, pero no olvidemos inscribirnos en la U.

—¡Ah, sí!

—El horario depende de la hermana Clarita, ella es la del carro.

—Claro, cobraré la carrera con donas o hamburguesas, ¡qué delicia!

Nos reímos, de pronto me frené.

—¿Escucharon eso? No maté al hermano de María, la señora dijo que estuvo muy enfermo, pero no lo maté. ¡Oh!, ¡qué alivio! Nos abrazamos felices y regresamos a nuestros quehaceres.

El tiempo transcurrió lento, estaba ansiosa por conocer mi verdad, por ver cosas que me recordaran a mi madre, a mi padre, cada que pensaba en ello, se me oprimía el corazón.

Primero ingresé a la universidad. El primer día fue fantástico, la hermana Clarita me había dado dinero para el primer semestre y comprar ropa, pues solo contaba con mi hábito y algunos *jeans* que me había regalado la mamá de Luisa. Me sentía diferente, Luisa, por su puesto, me había asesorado, ella se vestía muy bien. Ingresamos a la escuela de leyes, me parecía interesante todo, el sitio, los chicos, todo parecía un sueño, poder estudiar, sabía que mis padres estarían orgullosos. Me introduje en mis libros, acordé con Luisa que estudiaríamos con mucha dedicación, no perdimos tiempo, estábamos motivadas, además como jóvenes comenzamos a mirar a los chicos; en la cafetería nos encontramos con algunos y nos invitaron a sentarnos, conversamos un rato, luego me levanté de la mesa, me despedí y salí con la botella de gaseosa en la mano y mi pastel. Luisa me alcanzó.

—¿Qué te pasa?, ¡son guapos!

—Los típicos presumidos, pensando en marcas de ropa, el último modelo de vehículo, no es eso lo que busco en un chico, son presuntuosos. Mira, Luisa, si es tu estilo por mí no te preocupes, no soy de marcas, ni de cuentas bancarias, tengo cosas mucho más importantes en qué pensar, no encuentro nada interesante en ellos, son conversaciones insulsas que no me aportan nada.

—Sí, creo que tienes razón, he aprendido muchas cosas contigo y la hermana Clarita, tampoco es mi estilo.

Salimos de la universidad riendo y jugueteando, quedaba muy cerca de la casa de Luisa, por lo que siempre teníamos la misma ruta. Ingresamos para planear la búsqueda de acuerdo con el horario que me había dado la hermana Clara.

—Creo que sin la ayuda de ustedes no podría seguir, les agradezco mucho, esto es muy importante para mí, no con el ánimo de vengarme porque de eso se encarga la justicia divina, pero sí de conocer quién soy, y si cuento con suerte, también la justicia terrenal se aplicará.

—¿Pero no dices que no vas a vengarte?

—Vengarme es tomar la ley por mano propia, justicia es ejercerla y aplicarla, ¿no es a eso que nos vamos a dedicar?

—Sí, tienes razón. —La señora de los oficios de la casa nos interrumpió.

—¿Desean comer algo? Está riquísimo, pastel hecho por esta chef y un rico jugo de lulo.

—Gracias, Mery, eres genial.

—Lo sé, con permiso.

Los días pasaron entre libros y reuniones para ultimar detalles, debíamos proceder a la búsqueda. La vida tranquila o demasiado tranquila de la hermana Clarita se había llenado de sentido, no quería abandonar los hábitos, le gustaba la vida religiosa; no deseaba un hogar, ni un hombre, solamente servir a Dios, y qué mejor manera que ayudando a los niños más vulnerables, estaba feliz, era lo que deseaba.

—Bien, chicas, a lo que vinimos, ¿por dónde empezaremos hoy la búsqueda? Esta vida detectivesca me agrada —dijo la hermana, con tono un tanto feliz—. Bueno, veamos los colegios que escogí, están entre clase media alta, porque si Sara tenía a su mamá en casa y a la vez empleada para los oficios domésticos es porque había solvencia económica, ¿qué detalles recuerdas de tu casa?

—Era grande.

—¿Cómo eran los muebles?

—Disculpen, no recuerdo nada, solo que tenía muchas muñecas, peluches, de las cuales me despedí cuando me di cuenta de que tenía que salir de casa. Era una casa bonita creo, con muebles y jarrones para las flores. Recuerdo que mamá organizaba la mesa del comedor con flores y velas para alegrar a papá porque estaba estresado, teníamos un antejardín con gradas, donde papá cayó, no recuerdo más, no sé cómo era por fuera, desearía recordar más, pero…—No te preocupes, daremos con tu casa, sabremos qué pasó con ella. —Me abrazó con cierta ternura, me entendía porque ella también estaba sola, sin familia.

—¿Recuerdas al cura que te ayudó?

—Sí, pero creo que él no sabe nada, solo que hui de la casa donde vivía. No, por ahí no encontraremos nada, la idea está en el colegio donde estudié mis primeros años, todo fue tan traumático que he borrado muchas cosas de mi mente.

—Bien, solo quiero que descartemos algo, ¿eran monjitas las que te enseñaban?

—No, la directora era una señora con acento extranjero.

—*OK*, qué bien, borraremos los colegios católicos, nos dedicaremos a los bilingües. La lista quedará más corta, ¡manos a la obra!

—¿Comenzamos por el norte o por el sur?

—Primero busquemos en la zona sur y luego en el norte.

Comenzamos a buscar en los colegios, pero fue infructuoso. Luisa llegó a la casa cansada y triste, su padre le preguntó en la hora de la cena.

—¿Qué te pasa, hija?

—Papá, es muy agotador preguntar en los colegios, además al contarles a cada uno la historia de Sara es más tiempo el que se pierde, para que al final nos digan que vayamos la próxima semana.

—¿Y por qué no lo hacen con el cura que llevó a Sara al colegio? Dice que un sacerdote pagó sus estudios ¿no?

—Ella cree que no sabe mayor cosa, gracias, papi. —Lo besó en la frente.

Su madre, por el contrario, seguía reprochándole:

—¿Por qué tienes que estudiar en la noche? Si tienes el día para hacerlo.

—Nuevamente te lo repito, somos un equipo. ¿Se te olvida que Sara prácticamente se convirtió en mi tutora? Estudiar con una chica adelantada es beneficioso para mí, además no soy de muchas amigas, ¿o prefieres las locas Garzón que se le ofrecen a medio mundo? ¿O la torpe de Carmenza?...

—¡Ya basta! Si te sientes mejor en la noche será así, y se acabó el tema, punto —dijo mi padre con tono fuerte.

—Debo prepararme para conocer mi verdad, aprecio mucho su ayuda, pero esto debo hacerlo sola, no quiero involucrarlas, por ahora estudiaré para poder discernir mejor lo que me espera, haré las cosas con calma y me prepararé tanto física como psicológicamente.

—¿Qué quieres decir?

—Nada, yo me entiendo.

—¡Bien, suerte!

—Sí, la necesito, pero por ahora me concentraré en mis estudios, debo prepararme muy bien para poder manejar todas esas cosas legales: ¿qué pasó con mi casa? Si la hubo, ¿quién se quedó con ella?, etc.

Recordé a mis padres, me recosté sobre la cama, los imaginé, algunos vagos pensamientos llegaban a mí, la muerte de mi padre y la correría a la casa de María.

Mientras, Luisa, inquieta por mi situación, se acercó a su padre;—Papá.

—Sí, dime.

—¿Puedo preguntarte algo?

—Sí, ¿de qué se trata?

—A Sara le mataron al papá, ¿qué crees que haya podido pasar con sus bienes?

—¿Hace cuánto tiempo fue eso?

—No sé exactamente, ella tenía cinco o seis años.

—Sí, creo que se puede hacer algo, ¿por qué no me cuentas?, puede ser un gran caso para mí, me gustan los retos.

—¿La ayudarías?

—Sí, claro.

—¿Podrías investigar?

—Cuenta con eso, y la besó en la frente.

—Gracias, pa, te amo.

En el carro de la hermana Clarita salimos a legalizar los papeles de la fundación, nos instalamos y comenzamos a ubicar niños de la calle para llevarlos a la granja.

—Sé que hay muchos niños, pero no podemos llevarlos a todos porque no tenemos todavía buen soporte económico. Solo cuento con el dinero del alquiler de un local y dos casas de la abuela, además debo pagar tus honorarios.

—Sabes que si no fuera porque tengo que comprar libros y transporte, no te cobraría, pero te compensaré.

—No te preocupes, querida, yo soy la más interesada en que estudies, para que me puedas ayudar mucho mejor.

—Gracias, hermana.

—¿Cómo buscaremos a estos pequeños?, ¿dices que no vamos a poner avisos?

—Saldremos a las calles y de acuerdo con el caso lo llevamos, es más o menos así, casos que alguien nos comente, o que veamos en la calle, no se pueden obligar, debe ser voluntario. Podemos comenzar por el barrio de María, de pronto estemos de buenas y la encontramos, ¿qué te parece?

—¡Sí, buena idea! ¿Cuando empezamos?

—Debemos terminar la tramitología, vamos a estar supervisados por bienestar familiar.

Pasaron algunos días antes de tener algún pequeño huésped, compramos algunos accesorios, camas, cobijas, almohadas, además pintamos la casa. Luisa estaba feliz, le parecía emocionante todo lo que hacíamos, también aportó con unos muebles de su casa, les pidió a sus tíos y familiares colaboración con algunos juguetes que estuvieran en buen estado o nuevos, y cada vez se veía mejor, muy agradable. Faltan más juegos, una cancha de fútbol, basquetbol, para que los niños se sientan a gusto.

Nuestra labor de encontrar niños desprotegidos fue fácil. Un compañero de estudio nos comentó el caso de la empleada del servicio que tenía dos niñas, y en época de vacaciones de las madres comunitarias las dejaba encerradas con llave. Sentía mucho terror de que se las pudieran quitar, amaba a sus hijas, pero debía trabajar y no le alcanzaba para pagar a alguien que se las cuidara, menos a dos. Él se las ingenió para conseguirnos la dirección. Cuando la abordamos en la puerta de su casa, la señora casi se desmaya de la impresión, pensó que éramos del gobierno, que la alejaríamos de sus hijas, nos hizo entrar, temblaba.

—Por favor, no me las quiten, son lo único que tengo.

—No se preocupe, señora, no venimos a quitarle a sus hijas. Solo queremos ayudarla, tenemos una fundación que apenas comienza, deseamos ayudar a los niños…

—No, ustedes me las quieren quitar, llamaré a la policía.

—Bien pueda, señora, está en su derecho. —Marcó afanada.

—Policía, hay dos mujeres que quieren quitarme a mis hijas, una de ellas está vestida de monja, puede ser un disfraz.

—¡Disfraz! —dice con tono de asombro la hermana—, pero si solo queremos ayudar —le explicaban a la señora el fin de la fundación, pero por obvias razones ella estaba totalmente incrédula.

—Bueno —dijo la hermana Clarita—, son gajes del oficio.

Los policías llegaron en media hora, y aunque ya se hacía tarde, no podíamos dejarla sola, porque llamarían a bienestar, se llevarían a las niñas, no era esa la idea, debíamos darle una solución a esa situación.

Se mostraron los papeles a los agentes, confirmaron con la hermana superiora del convento y, para descanso de la mujer, entendió que solo deseábamos ayudarla.

—Bien, es sencillo, en época de vacaciones de la madre comunitaria, puede dejar a las niñas en la fundación y recogerlas el fin de semana. De lo contrario, podría perder la custodia por dejarlas solas, es peligroso, son muy chiquitas.

—¿Y qué tendría que hacer?

—Sencillo, lleva a las niñas el domingo en la tarde o el lunes en la mañana y las recoge el viernes o sábado. Otra opción es que viva ahí con ellas.

—Eso me suena mejor, así no me separo de ellas.

Una lágrima rodó por la cara angustiada y cansada de la mujer, no deseaba separarse de sus hijas, pero no tenía otra alternativa: o se mudaba con ellas o las dejaba en la fundación para recogerlas el fin de semana.

—Bien, cuando se es pobre no hay muchas opciones.

—Sí, es cierto, lastimosamente, por eso planificar no es evitar embarazarse, sino saber cuántos hijos se pueden mantener dignamente. ¿Ya se hizo operar?

—No.

—*OK*, preguntaremos para planificación familiar, le avisaremos. —Nos despedimos dejándoles unos dulces a las niñas.

—Vamos a tomar con calma cada caso, ya vemos que hay muchas situaciones complicadas que requieren de nuestro tiempo y cuidado, lo más importante es conseguir recursos para alimentarlos.

Nos subimos al auto, la hermana me extendió una tarjeta.

—¿Qué es?

—Lee, clases de conducción, necesito que aprendas para que hagas los trámites, las compras, etc. Yo debo permanecer en la fundación, hasta que encuentre personas adultas que me colaboren. Sé que encontraré gente de buen corazón que desee ayudar, todavía estás muy joven, pero por ahora me ayudarás con los mandados, a llevar los libros de cuentas y enseñarles a los chicos. Tenemos mucho trabajo, hay que buscar ayuda rápido.

El señor que cuidaba la finca era un hombre un poco cascarrabias, pero nos hacía reír con sus apuntes, tenía abandonada la finca porque nadie cancelaba sus honorarios. Clarita comenzó a ponerse al día con sus pagos. Su abuela le había dejado una muy aceptable cuenta de ahorros.

—¿Y qué es una fundación? —preguntó don Pacho, como lo llamaba todo el mundo según él.

—Es un lugar donde vamos a recibir niños desprotegidos, huérfanos, de la calle, etc.

—Yo conozco un niño que vive en el pueblo cerca de aquí, se le murieron el papá y la mamá y le tocó quedarse con el tío, pero le da unas golpizas.

—¿Usted lo vio?

—Le vi las piernas moradas y los brazos, dijo que era jugando al fútbol, pero el amiguito me contó lo del tío.

—Pues hay que hacerle seguimiento a ese caso, mañana iremos, no, mejor el martes, él juega en la cancha.

—Pero lo que sí se puede hacer es ir al colegio y recomendarle a la rectora, sé de una niña embarazada que duerme a veces en la calle porque el papá llega borracho y se la dedica.

—Bien, te agradezco mucho, mañana iremos al colegio.

Pronto la fundación comenzó a recibir donaciones; pedíamos en los supermercados, tiendas, negocios, cualquier aporte era valedero y la hermana Clarita pudo contratar ayuda. Los niños tendrían también sus tareas en la granja para autoabastecerse, al igual que su estudio y, por supuesto, la diversión.

Nos dirigimos al colegio, la coordinadora nos recibió con agrado y ella confirmó los problemas con la niña.

—Pero por temor a quedarse en bienestar, prefiere no denunciar, el papá es alcohólico y la saca de la casa porque está embarazada. Tiene un hermanito de 10 años que le tira la cobija y la almohada al antejardín.

—¿Podemos hablar con ella?

—Sí, está un poco renuente, pero le explican por qué están aquí.

—*OK*, gracias.

—Hola, mi niña, ¿cómo estás? Sé que tienes problemas, somos un hogar para niños y jóvenes, queremos ayudar, a eso se dedica la fundación… —Y le explicamos todo el proceso, pero angustiada nos dijo:

—Yo no voy a dejar a mi hermanito, mi papá no se mete casi con él, pero de todas maneras me da mucho susto que se quede solo.

—Comprendemos tu situación, lo que podemos hacer es que ambos se instalen en la fundación, es una finca muy agradable, pueden salir con permiso; no es una cárcel, es un lugar para los niños con problemas, pueden venir al colegio, el transporte pasa por ahí, piénselo por su bien, el de su bebé y su hermanito.

Al otro día llegó un *jeep* con los niños y sus maletas, un hombre se bajó, saludó:—Buenos días, hermana, ¿puedo hablar con usted?

—Sí, siga, por aquí, siéntese, por favor.

—Soy el papá de los niños, como verá, mi hija está embarazada, peleo con ella porque le advertí mucho que no saliera con ese vago, pero no me hizo caso y ahora yo no tengo dinero, ni siquiera para mantenerlos a ellos dos y otra boca más que alimentar. Soy viudo, todavía no supero la muerte de mi mujer, por eso bebo, sé que no está bien, no quiero alejarme de mis hijos, pero… —Bajó la mirada y continuó—. Colaboraré con los gastos, también puedo ayudarle aquí algunos días para compensar, pero le ruego me los deje ver, son mis hijos y los quiero mucho.

—Está bien, esto no es una cárcel, es un hogar, pero debe buscar ayuda para dejar de beber.

—No tomo mucho, solo los fines de semana ahogo mis penas, pero he cometido muchos errores, trabajaré duro para colaborar con la manutención de mis hijos.

—Bien cuando estén preparados para vivir juntos, podrán hacerlo, pero en esas condiciones es mejor que estén aquí.

Se despidieron e instalamos a los dos hermanos. Los nuevos huéspedes del hogar.

En la finca se producía parte de la comida, frutas, verduras, maíz, frijol, pero también nos donaban pollos, cerdos, gallinas y la granja cada vez crecía más y más.

—Sé que hay niños mucho más desprotegidos y a ellos queremos llegar, tenemos que buscarlos en las alcantarillas.

—¿Alcantarillas? Qué horror, ¿y no es peligroso?

—Todo es peligroso, pero buscaré niños mucho más desamparados.

—Nos reunimos con la funcionaria del ICBF, queremos hacer las cosas sin saltar las normas.

—Hermana, es muy altruista de su parte, muy pocas personas se atreven a hacer lo que usted hace.

—No es mi proyecto, realmente es de Sara, yo solo estoy aportando una parte, ella es el corazón de todo esto, pero como es tan joven yo he puesto mi granito de arena.

—¿Cuál es el proyecto en sí?

—Es ayudar a niños desprotegidos sin hogar, darles un techo, comida, calor de hogar, estudio, que lleven una vida digna, en tanto podamos con los recursos que contamos. Lo que no sabemos exactamente es cómo abordarlos, los sitios para asistirlos son casi impenetrables.

—Sí, pueden hacerlo, pero deben apoyarse con la policía de infancia y adolescencia, de hecho, ellos deben conocer algunos casos específicos.

Tres días después, recorrimos la ciudad en busca de los niños de las alcantarillas, pero parecía que se los había tragado la tierra. Nos dirigimos a las zonas marginadas, en compañía del sacristán y el padre de los dos niños y, por supuesto, la policía de infancia y adolescencia. Este era un sitio peligroso, pero la hermana abrió el carro y comenzó a repartir pan, leche en cajitas, galletas, dulces, se fueron acercando muchos niños, pero los más grandes causaban miedo, estaban drogados.

—Gracias, hermanita.

—Oye, si saben de algún niño que esté solo y necesite ayuda, que quiera vivir en la casa-hogar de la fundación, esta es mi tarjeta, hasta pronto.

Salimos de aquel lugar, estaba consternada.

—No es posible que haya tanta pobreza y no se pueda hacer nada. —Me sentía impotente, esa misma sensación de cuando era niña—. ¿Por qué tanto niño en la calle? ¿Por qué no los protegen?

—Nosotras no podemos hacer mucho, el gobierno es el que tiene la autoridad para sacarlos de aquel lugar, solo podemos ayudar al que desee hacerlo.

—Pero ellos son unos niños, hermana, y no saben qué es lo mejor, además se acostumbran a vivir con su verdugo, o quizás algunos prefieren la calle que un hogar violento. Son muchos los huérfanos que quedan en manos de personas que los utilizan para diversos trabajos, entre ellos la explotación sexual; pareciera que los niños no tuvieran derechos, ¡se ven tantos en las calles, Dios! Están desnutridos, violentados y las trabajadoras sociales en sus oficinas, mirando los toros desde la barrera, pero no entran al ruedo, al igual que los gobernantes, y para qué hablar de los derechos humanos. ¿Acaso no hay una ley para los padres y madres que los utilizan para mendigar?, además dicen que, cuantos más hijos, más plata reciben del gobierno, ¡qué ignorancia! Es necesario proteger a las familias vulnerables, ubicarlas, asistirlas y darles un trabajo digno, pero el Estado ha incumplido con el deber de garantizar los derechos de la niñez y la adolescencia. ¿Por qué? CORRUPCIÓN.

—¡Cálmate Sarita!, coloquemos nosotras nuestro granito de arena.

—Pero, hermana, no es suficiente, hay que buscar la forma, que cada vez sean menos. Bien se habla de leyes para proteger a los niños, pero qué cruda es la realidad. Un niño protegido y amado es un delincuente menos; la gente roba muchas veces por necesidad, por hambre, y ese flagelo debe terminar. ¿Para qué hay organizaciones a nivel mundial si lo más importante que es la vida digna no se da? A nadie le importa, es triste, es... —Y suspiré profundo con un dolor en mi corazón de ver tanta miseria y el dinero malversado.

—Bueno, bueno, Sarita, vamos a casa, trabajemos en ellos, debemos hacer las cosas con mucha precaución puesto que todavía no tenemos los recursos, por ahora estamos como casa-hogar. Los chicos que lleguen deben ser por recomendación de personas que conozcan los casos; la finca la trabajaremos para autoabastecernos y con lo que gano de la renta de las casas podemos sobrevivir.

—Sí, debemos adquirir experiencia, puesto que podemos incurrir en algún error por desconocimiento; en cada caso debemos estar acompañados de las funcionarias del Estado y seguir estudiando leyes, por supuesto.

El trabajo en la granja era agotador, pero se sentía aire fresco, tranquilidad, una gran alegría al observar ese maravilloso paisaje, la buena organización daba sus frutos, los niños hacían sus deberes con gusto, se les trataba cariñosamente, las actividades que realizaban en sus jornadas académicas eran muy agradables, aprendían rápido, y aunque se presentaba alguna que otra discusión era calmada a tiempo por la hermana Clarita.

La hermana superiora del colegio donde estudié me había llamado, fui lo más pronto que pude, estaba sentada en su oficina llena de papeles, me miró por encima de sus anteojos.

—Ven, hija, siéntate —me dijo con ese tono autoritario, pero había en ella gran nobleza—. Mira, el padre Ignacio ha continuado consignando dinero a mi cuenta y no me había percatado, pensé que al terminar el bachillerato dejaría de consignar, hablé con él y quiere verte.

—¡Qué buena noticia! Probablemente sepa algo de mi niñez. Sí, ya sabe de tus proyectos y está muy orgulloso de ti, yo retiré el dinero de mi cuenta aquí está todo.

—¿Pero por qué me da ese dinero si ya terminé?, ¿será de mi familia?

—Habla con él, te aclarará todas tus dudas y que Dios te bendiga.

—Gracias, hermana, muy amable.

Me despidió con un abrazo, sí, abrazos, era lo que necesitaba. A veces me sentía tan sola, pero tan sola. Bajé las gradas corriendo, con ansia, pero me detuvo la voz de la hermana superiora llamándome.

—¡Hija! ¡Hija! Esta es la dirección del padre y el teléfono.

—Gracias, hermana.

Recibí el papel y le tiré un beso con mi mano, fue una de las pocas veces que la vi sonreír.

Aproveché para hacerle una buena recarga al teléfono, llamé al padre Ignacio, que por supuesto no contestó; debe estar ocupado, tendré paciencia, un día más, un día menos, ya qué más da.

Avisé a mi amiga de que no iría a la U, estaría esperando comunicarme con el padre, era de vital importancia para mí.

Llegué a la fundación y la hermana Clarita estaba desempacando unos libros que le envío la alcaldía del pueblo.

—Holaaa, qué bueno que llegaste, pero tú nunca faltas, ¿qué pasó?

No alcancé a explicarle cuando sonó mi teléfono.

—Aló.

—Recibí una llamada de su teléfono, ¿en qué le puedo ayudar?

—Soy yo, padre Ignacio, Sara Canizales.

—¡Qué gusto! ¿Cómo estás, hija?

—Bien, padre.

—Me contaron lo de la fundación, ¡qué maravilla! Es muy buen proyecto, las felicito.

—Gracias.

—Bien, estoy un poco ocupado, espérame el sábado en la tarde en la fundación, quiero conocer, además saber en qué puedo ayudar; de paso, hablar contigo largo y tendido. Hasta el sábado, ¡que Dios te bendiga!, saludos.

—Hasta el sábado, padre, y gracias.

—Ahora sí, ven siéntate, y cuéntamelo todo, tráele un jugo a Sarita, por favor. Hay en la nevera —gritó la hermana.

Nos sentamos debajo de un árbol que tenía una banquita y ahí platicamos.

Esperé el sábado con gran ansiedad, los días se me hicieron eternos, hasta que por fin llegó y ahí estaba el padre, un señor calvo, blanco y se adivinaba en él una gran nobleza. Saludó, se interesó por conocer la fundación, al parecer no notaba mi ansiedad, bebió el chocolate con pan y queso, hasta que su rostro se fijó en mí, con ternura y conmiseración por lo sucedido.

Me señaló el árbol con la banquita, le murmuró a la hermana Clarita que nadie nos interrumpiera, me tomó de la mano, como apoyándose en mí para no caer por la media bajada hacia el lugar.

Nos sentamos, respiró profundo y comenzó, haciéndome preguntas:

—¿Qué recuerdas de tus padres?

—Poco, padre, que vivíamos en una casa grande y cómoda, mis muñecas, que salí corriendo con María y mi mamá hacia su barrio por temor a ser asesinadas.

—Sí, yo sé lo que le pasó a tu mamá.

—Fue como si mi padre se la hubiera llevado con él, ella murió algunos meses después. María se convirtió en mi madre, me cuidaba, me llevaba al colegio, no consentía nada conmigo, hasta que crecí y cumplí once años; entonces su hermano intentó abusar de mí, lo golpeé con un bate en la cabeza y salí corriendo hasta buscar la iglesia. Allí entregué la carta que mamá le había escrito a usted, lo demás ya lo sabe.

—Bien, hija, ahora escúchame con atención.

Cuando el padre Juan me llamó y me contó que una niña me buscaba, asumí que eras tú, le dije que te llevara a la casa de la señora Belarmina y que luego te dejara en el convento, sabía que María estaba muy posiblemente angustiada buscándote.

—¿Pero cómo encontró a María si usted no sabía?

—Hija, le contaste a la superiora en qué colegio estudiabas y el barrio donde vivías, fui hasta el colegio y la rectora muy amablemente me dio la dirección y el teléfono, yo ya sabía del barrio, pero no la dirección, además recogí tus papeles para poderte ingresar, los envié por correo a la hermana superiora.

—Usted es lo único que me une con mi pasado, necesito saber qué pasó para poder estar tranquila. ¿Sabe de María? Tantos años sin visitarme… ya no vive ahí.

—Sé lo triste que has estado por María, ella también ha sufrido por ti, nunca te abandonó, lo dispusimos así por tu seguridad, no guardes resentimiento con ella. Tu mamá quería que te llevara a otro lugar y el convento me pareció lo mejor hasta que terminaras el bachillerato.

—Entiendo, padre.

—Ella con frecuencia se comunicaba conmigo para saber cómo estabas, no podía echar a su hermano, pues la casa es de los dos, heredada de sus padres, y no era conveniente volver ahí. Hablé con María, la vi muy angustiada llorando por ti, te quiere como si fueras su hija, yo le conté lo que sucedió.

—Padre, por favor, yo no tenía idea de que sabía algo sobre mi vida, ¿por qué no me buscó antes?

—Eras muy niña, tu madre me visitó después de la consulta con el médico, sus problemas de salud eran muy delicados, tuve que ponerme al frente de la situación, así que le recomendé que reclamara la liquidación y la pensión de tu padre para el sustento. Luego ella decidió dejarme legalmente como tu albacea, aquí en Colombia soy su único pariente.

—¿Síí?, no sabía.

—Sí, hija, primo de tu mami.

—Oh, padre, ¡no tenía idea!

—Así es, con lo que le entregaron dio la cuota inicial de un apartamento que seguí pagando con la pensión, como lo hacía tu madre. Éramos muy buenos amigos, trabajábamos en las ayudas comunitarias que realizábamos en diversas partes de la ciudad, antes de todo este desastre.

—Sé que debía esperar, por tu bien, no era conveniente que vivieras con María por su hermano. Si te hubiera visitado habrías querido salir del convento, a esa edad los jóvenes son muy rebeldes y no era bueno en ese momento para ti, ahí estabas protegida, aprendiendo buenos modales, buenos principios; era lo que tu madre deseaba, me esforcé mucho para convencerla de que no fuera a por ti, en ese momento yo estaba a cargo. Al fin se dio cuenta de que era lo mejor, pero sabe todos los detalles, lo bien que te llevas con la hermana Clarita y Luisa, la superiora nos informaba de todo. Para ella era doloroso, ahora es el momento, tienen mucho de qué hablar, te traeré noticias porque ya no está en la ciudad, se tuvo que marchar para su tierra natal. Perdí mi teléfono hace poco y el contacto con ella, no traje mi agenda donde tengo anotado el nombre del pueblo, te avisaré; búscala, se preocupará si no sabe de ti, además creo que ya te puede acompañar si quieres, ella te explicará.

»El día que tu padre llegó a mi iglesia se veía muy angustiado, querían matarlo, trabajaba con el gobierno y su jefe quería que firmara unos contratos, los cuales no cumplían con los requisitos de ley, por supuesto no los firmó.

—¿Por eso lo mataron?

—No, se dio cuenta… —suspiró profundo, me miró—. Hija, prométeme que no te meterás en problemas, al fin y al cabo, ellos ya no están.

—Perdón, padre, yo solo quiero que se haga justicia, y justicia no es sinónimo de impunidad.

—Sí, hija, eso lo sé, pero no debes poner en riesgo tu vida, esa gente es mala, y no les temblará la mano para matar a quien sea.

—Está bien, padre, pero debo conocer la verdad sobre la muerte de mi papá.

—Júrame que no te expondrás.

—Sí, padre, no me expondré, ni a la gente de mi alrededor.

—*OK*, te explicaré todo. Tu padre se dio cuenta por su secretaria… —Escuché atentamente todo lo que sucedió, se me oprimió el corazón y las lágrimas brotaron de mis ojos—.

Querida niña, sé que has sufrido, pero Dios tiene una recompensa para ti, y algo tiene destinado para que hagas en bien de la humanidad. De hecho, creo que ya lo estás haciendo con la hermana Clara, vendré todos los sábados a oficiar la misa aquí en tanto me sea posible, puede venir más gente de la comunidad si quieren.

—¡Claro, padre, me parece bien!

—Me falta la otra parte de tu vida que no sabes, tu casa. Fui al lugar donde asesinaron a tu padre, recorrí la casa con algunos vecinos; luego la ceremonia, fue una ceremonia muy hermosa en honor a él y a ustedes, las víctimas de la corrupción de este país. Ellos lavaron el antejardín lleno de sangre, estuve ahí pendiente con la policía después del levantamiento, me entregaron las llaves, necesitaban hablar con algún familiar y prácticamente solo tenían mi versión de los hechos, luego tu madre habló con ellos, pero por su delicada salud no pudo seguir en el proceso.

»El dinero con el que pagué tus estudios es tuyo, yo renté la casa para pagar impuestos y que no se deteriorara, de hecho, es una casa-hogar de Bienestar Familiar. —Me pasó la mano sobre mi cabeza en señal de aliento—. El auto ahora es modelo viejo, pero es un buen carro, te lo compraré, de hecho, lo he usado todos esto años. Debes hacer el proceso de sucesión, también hay una casa finca para veranear; la verdad envié a un sobrino con su esposa a vivir ahí, pero saben que en cualquier momento deben desocupar. La han cuidado bien porque ese era el compromiso, pagar servicios. ¡Ah!, además pagué los impuestos de esa propiedad también, todo está en orden, no las dejé acabar, sigue recibiendo el arrendo tú cuando tengas los papeles, igual que el dinero que está en una cuenta esperando hasta que pudieras hacerte cargo; ya hablé con la señora de Bienestar, luego la conocerás. Si no necesitas por ahora la casa, ese dinero te sirve para tus estudios; debes abrir una cuenta y llevar los papeles a la funcionaria, cuando los tengas me llamas para que hablemos con ella, igual sabe todo lo que pasó. De hecho, en dos meses se termina el contrato y puedes hacer uno nuevo.

—Padre, no sé cómo agradecerle, considero que no tiene que pagarme el carro, haremos los papeles a su nombre como si me lo hubiera comprado, es lo menos que puedo hacer para agradecerle que no dejó mis cosas abandonadas; quiero volver a ver mi hogar.

—Está bien, me pondré de acuerdo con la directora y te llamaré.

—Estudio en la noche, padre, así que tengo el día.

—Bien, querida niña, estoy orgulloso de tu valor para enfrentar todas esas cosas. —Espere, padre, todavía necesito preguntarle algo, ¿mi papá le dijo quién era su jefe?

—Fue en confesión, hija, no puedo romper esa regla, pero creo que es mejor así, nada resolverás.

—Pero puede estar haciendo lo mismo con otras personas, es un malandro, hay que parar a ese hombre.

—¿Y cómo lo harás?, ¿matándolo? —Me senté, no poder hacer nada me llenaba de frustración—.

Hija, lo único que puedo recomendarte en este momento es que busques ayuda profesional, ellos saben sanar esas heridas. Sé que la ley se está haciéndose cargo, pero tú sabes lo lentos que son esos procesos, de paso debes presentarte con un abogado, el padre de tu amiga te aprecia y puede colaborar con todo lo que necesites. —Volvió a pasar la mano sobre mi cabeza, y con voz suave dijo—: Cuídala mucho, hermana, necesita bastante amor y comprensión, aún es una niña.

—Claro, padre, gracias, muchas gracias por todo lo que hizo por ella.

Luego con paso lento se retiró, volteó y dijo:

—Ven, este es el carro de tu papá, me siento bien, por lo menos pude cumplir la promesa que le hice a Julio César.

Abrí la puerta como autómata, lo toqué, imaginando a mi padre allí, la voz suave de Clarita me trajo de nuevo.

—Ven, vamos a comer algo, debes tener hambre.

Nos despedimos y sentí un alivio, volvería a mi casa, a recordar mi niñez, esa que me fue negada, sentía que encontrándome con mis cosas, mi casa, la casa de campo, donde jugaba a la pelota con mi papá, ya no estaba tan perdida, ya tenía mi historia familiar, parte de mi vida.

Supe del colegio donde estudié, fui acompañada con la hermana, hablamos con la rectora, una señora extranjera muy amable. Le contamos el motivo de nuestra visita, ella estaba impresionada.

—¡Eras una niña muy hermosa!, claro que me acuerdo, bueno, todavía lo eres, ingresaste a transición, y luego a primero.

—¿Usted suele recordar a todos sus alumnos?

—Algunos, pero en tu caso, sí, con tu cabello claro, crespo y largo, con tus ojos miel. ¿Quién olvida esa carita? Además, casi todos los niños corrían a los juegos, pero tú entraste directa a la biblioteca, te pasé un libro de cuentos y comenzaste a leer. No tuve necesidad de hacerte el examen, tu mami te había enseñado y aprendías rápido; hicimos un trabajo diferente contigo, tuvimos que ingresarte a primero, porque sabías sumar, restar y leer, pero trabajamos en casa con las recomendaciones para motricidad, manejo de plastilina, etc. Luego iniciaste el siguiente año como hasta mediados y después no volviste más.

—Espera un momento.

—Rosa, ven, por favor, tráeme el archivo la carpeta de Sara Sofía Canizales.

—Sí, señora, con gusto.

—Siento mucho por todo lo que tuviste que pasar, ellos se veían tan orgullosos de ti, me gustaría saber de tus cosas, y si puedo ayudarte con gusto lo haré. Te doy mi tarjeta, ya sabes dónde encontrarme.

Me entregó los papeles, los abrí con impaciencia, leí sin parar como devorándome las palabras; quería saber todo, y sí, mi papá era abogado, trabajaba con el gobierno, y mamá psicóloga.

Ya tenía el sitio, debía ser muy cuidadosa, buscar con quién trabajaba papá, tarea ardua y difícil, pero no imposible.

La hermana Clara no estaba de acuerdo, no debía hacerlo hasta que terminara mi carrera y sobre todo con más edad. Sí, tener más edad para discernir todo mi pasado, mi presente, más tiempo, pero yo era una chica muy obstinada.

—Vamos a tomarnos un café y le cuento mis ideas. Primero, si quiero recuperar mi pasado, necesito dinero, para ello es importante que busquemos la forma de conseguirlo, con negocios.

—¿Negocios?

—Sí, hermana, mira, tu abuela te dejó dinero, busquemos la manera de invertirlo, y así ganaremos todos.

—Tienes razón, ¿pero en qué negocio invertimos?

—Montemos una distribuidora de... ¿recuerdas las papitas que hacíamos en el convento y que le vendíamos a las estudiantes?, pues bien, es lo mismo, pero con un nombre en la bolsa. La distribuiremos en las tiendas, en los colegios, después en los supermercados, de paso les damos trabajo a las madres cabeza de hogar y a los chicos más grandes de la fundación. ¿Qué te parece?

—Me gustan tus ideas, sí, vamos a ayudar a los niños, necesitamos dinero, sostenerlos cuesta, además debemos conseguir personal, porque nosotras no podemos hacer todo.

—Hermana, tenemos el terreno, se pueden cultivar los plátanos y también venderlos en las bolsitas; empecemos, nada es imposible, si me lo permites yo puedo vender todo lo que produzcamos.

—Bien, ¡manos a la obra!

—Sí es buena idea, la finca es muy grande y ahí podemos colocar la empresa, distribución, bodegaje, y una oficina para manejar todos los papeles, tanto de la fundación como de la empresa. Incluso podríamos comprar hornos para hacer las galletas que nos enseñó a hacer en el colegio la hermana María José.

Muy animadas llegamos a la fundación, con planes aquí y allá, anotamos todo lo que necesitábamos en un cuaderno, y empezamos nuestra labor. Acordamos esperar hasta que llegaran mis vacaciones para poder iniciar, el resto del tiempo organizábamos el nombre del producto, los bultos de papas que se necesitarían y, claro, las bolsas que mandamos a etiquetar. Compramos los elementos necesarios para la fritura, los papeles de rigor para el manejo del negocio y manos a la obra.

Llegaron las vacaciones, comenzamos con la empresa, luego de empacados, salimos con la mercancía; mi amiga Luisa y el sacristán que ya estaba en los 18 años. Nos acercamos a las tiendas de barrio, con gran sonrisa y dinamismo, la forma de llegarle a la gente; así comenzamos a hacer negocios.

—Es un excelente producto, de paso nos ayuda con los niños de la fundación, buscamos recursos para proporcionarles una vida digna, si quiere confirmar puede ir a conocernos, esta es la dirección.

Pasaron los días y los pedidos iban en aumento, doblamos el tiempo de trabajo para poder cumplir. La fábrica crecía cada vez más, tuvimos que construir una bodega, equipar otra cocina y entre libros y papas iban pasando los ocupados días, organicé un horario de trabajo, de estudio por unos días no pude pensar en mi proyecto detectivesco, hasta que la empresa tomara su rumbo por sí sola.

Los niños llegaban por recomendación, la gente que sabía de la fundación nos hacía conocer los casos; los chicos con problemas de drogas los enviábamos a centros especializados, conseguimos ayuda profesional, una psicóloga que trabajaba por horas, ya que la empresa estaba dando frutos. Hasta compramos un carro más grande para transportar los pedidos, además contratamos a una profesora para las clases de los más chicos; los otros niños de secundaria iban común y corriente al colegio, cuando llegaban tenían su comida, techo y, por supuesto, nuestro cuidado.

Se contrató al sacristán para despachar, porque en la mañana yo no alcazaba a dejar todos los pedidos, nos extendimos a otros lugares cercanos, cada vez los encargos eran más grandes, la calidad del producto era una de nuestras mejores herramientas. Clara estaba satisfecha, las ayudas de las empresas también llegaban.

Luisa y yo no parábamos de trabajar para conseguir esas ayudas, escribíamos a muchas partes, nuestra dedicación tuvo recompensas. Con la grabación de un video, que difundimos en las redes sociales sobre el trabajo con los niños, una empresa extranjera nos visitaría para asegurarse de que su ayuda se direccionada realmente a los niños; la hermana Clarita se sentía feliz era como tener su propio colegio, pero con internado.

Teníamos huérfanos, otros con madres alcohólicas o adictas, o simplemente despreocupadas que querían vivir la vida con hombres aquí y allá descuidando los niños; cada caso, generalmente, muy doloroso, pero intentábamos hacer la vida de ellos lo más agradable posible, con buena comida, juegos, mucha paciencia y amor.

Los niños más grandecitos colaboraban con el arreglo del jardín, la familia desplazada, que había ingresado madre e hijos porque el padre lo habían matado, se encargó del aseo del colegio; la mamá con los dos hermanos mayores, dos niños más pequeños con signos de desnutrición estaban en el hospital recuperándose. La fundación crecía en habitantes, pero la hermana no podía cerrar la puerta ante tanta gente desvalida y vulnerable.

Las papitas se negociaron en los supermercados; los niños grandes, la gente que colaboraba por días, la madre desplazada, todos trabajaban en la fritura. Los plátanos que se habían rescatado del abandonado huerto se utilizaron e igual se fueron organizando los cultivos para poder cumplir con todos los pedidos.

Una compañera de la universidad me comentó de su vecina:

—Ella es una chica que fue muy linda y alegre, luego de quedar embarazada, la familia, bueno, en realidad su padre, porque es huérfana de madre, la dejó en la casa con la bebé. Estaba terminando sus estudios, fue muy difícil, puesto que la empleada se fue, obviamente porque ya no había pago, su novio también la dejó y se consiguió a otra. No pudo soportar eso, no estaba preparada para sufrir, buscó refugio en las drogas, la peor enfermedad del mundo; yo la aconsejé, pero ella no se ayuda mucho, nos ha dejado la niña varias veces los fines de semana, pero mi mamá dijo que no le alcahueteáramos más. Suele dejarla sola, de hecho, me llama un día a las once de la noche para que le diera vueltica. ¿Qué te parece?, me quedé con la bebé hasta el otro día, yo estaba preparándole el tete y ella llegó drogada. Realmente no he llamado a Bienestar porque me da pesar de la bebé, pero definitivamente con ella no puede quedarse.

»Yo la tengo en mi casa, pero no quiero entregársela, solo cuando ella esté sobria. No es una persona responsable, la niña es mi ahijada, el problema es que yo estudio y la verdad es que no estoy preparada para esa responsabilidad, pero si ustedes se la llevan obviamente con su consentimiento, yo estaré pendiente, la tendré en casa los fines de semana. Mi mamá dice que podemos ayudar con dinero para que esté bien.

—No hay problema, mientras la mamá acepte, también podrá visitarla.

Son muchos los casos de madres jóvenes que desean vivir la vida, pero como ya tienen hijos, al no poder divertirse, los niños son los que sufren las consecuencias. Es triste, pero se ve con frecuencia. Por eso las jóvenes deben cuidarse de embarazos no programados, empezaré por mi colegio, hablaré con la hermana superiora. También estaré en los lugares donde hay tanta pobreza para crear conciencia y accedan a planificar, no es justo que haya personas sintecho, sin trabajo, sin dinero con tres, cuatro hijos y hasta más, ¿qué vida les espera? Los niños tienen el derecho a vivir dignamente.

Efectivamente la cita fue programada, y yo me preparé para llevar esas historias y tocar los corazones de todas las alumnas. Muchas mujeres no necesitan ser adictas, ni alcohólicas simplemente irresponsables, hecho del cual tienen la culpa los padres; primero por tanta permisibilidad, carencia de normas, de afecto, el mal ejemplo y la espiritualidad completamente envolatada. Así, que en el colegio donde estudié también toqué corazones, las chicas todas querían ayudar, organizaban eventos para luego donar el dinero a nuestra fundación, fue hermoso, muy satisfactorio; cuando se quiere, se puede.

La mamá de la niña aceptó, al saber que cada vez más se alejaba de su hija; comenzó a visitar la fundación casi todos los días. Así que hablamos con el orador, quien tuvo que cancelar algunos eventos para aprovechar esa alma perdida que había iniciado por el camino de las drogas, nos sentamos en círculo y empezamos a contar nuestras historias. Luego habló la psicóloga y después el orador, que comenzó a inyectar en nuestros corazones esa espiritualidad necesaria para conformar nuestro ser.

Ella, que estaba renuente a contar su historia, aclarando su voz nos dio su testimonio, fue muy emotivo, además conoció a otras personas como yo, que éramos resilientes, habíamos resistido a toda adversidad sin recurrir a las sustancias psicoactivas.

La hermana Clarita habló muy hermoso aceptando que conformara nuestra familia con ciertas condiciones. Ella nos pidió ayuda, quería asistir a un centro de rehabilitación, creía que lo podía lograr, pues tenía a su hija, que era bastante motivación. Al darse cuenta de que la podía perder, se quedó con condiciones, con la ayuda de la psicóloga, el padre Juan se haría las terapias que prácticamente habían empezado, pues le parecía que sentía un alivio al contar sus penas, pero también al saber que tenía quien la escuchara; en un ambiente tan agradable, tan lleno de armonía, paz y tranquilidad, se sentía rodeada, que no estaba sola. Así que decidió quedarse, alquilaría la casa y trabajaría duro sin descanso para no sentir ansiedad, además de tener el apoyo necesario para cuando se sintiera desfallecer.

Yo seguí pensando en que Luisa podría llegar al congreso a trabajar en leyes que protejan los derechos de los niños.

—Creo que, si te lo propones, puedes hacerlo.

—Sí, por los niños lo haría —reímos con gran esperanza y muchas expectativas.

Los días pasaron entre libros, leyes, ventas, además de otros quehaceres del hogar, esa era mi rutina, ahora debíamos luchar por escalar. Teníamos una gran ventaja: el papá de Luisa era abogado y gozaba de buen prestigio, quizás él nos ayudaría; por ahora lo más seguro es que trabajaría en su bufete con mi amiga. Teníamos muchos ánimos, éramos jóvenes y queríamos comernos el mundo, debía ahorrar para poder especializarme después de terminar mis estudios, no podía perder tiempo; como siempre Luisa convenció a su padre para hacer prácticas, ayudarlo con algunos casos y entrenarnos cada vez más.

El primer día de clase, después de vacaciones, fue interesante. Al salir esperé a Luisa en la cafetería, como habíamos acordado, estaba absorta en mis pensamientos cuando, de pronto, una voz masculina me trajo a la realidad.

—¡Oye!, ¡oye! He tratado de llamar tu atención para que me mires y nada, me tocó abordarte. Mi nombre es Esteban de la Torre, pero no la de Babel, ja, ja, ja. Disculpa, no quiero incomodarte, pero me pareces muy simpática, me gustaría ser tu amigo, estoy haciendo un doctorado en ciencias económicas, ¿y tú?

—Estudio Derecho, pero probablemente me especializaré en Derechos Humanos. ¡Oh!, ¡qué bien!

Luisa se acercaba apresuradamente.

—Hola, amiga, disculpa la tardanza, pero estaba conversando sobre el tema y lo continuamos en el pasi… —Se quedó mirándolo como si fuera una aparición divina—. ¿Y tú?

—Hola, soy Esteban.

—Mucho gusto, yo Luisa.

—¿Nos vamos? Tengo prisa.

—Sí, sí, vamos.

—Hasta luego.

—Que pasen buenas noches, señoritas, hasta pronto.

Luisa lo miró con cierta picardía, yo seguí al auto.

—¿Qué te pasa, chica? Ese hombre está como quiere, ¿no te parece?

—Sí, seguro, pero estoy muy cansada, además creo que no es mi tipo.

—Anda, chica, ¿entonces cuál?

—Más serio, más humilde, menos lanzado.

—Oye, oye, pero si tú eres seria necesitas un hombre que además de guapo sea alegre, divertido, extrovertido, que no le tema a nada.

—Estoy cansada, no oigo, ni veo, ni entiendo, solo quiero mi cama.

—Bueno, yo también estoy cansada y con mucho trabajo.

Salimos de la universidad; Luisa me dejó en el centro comercial, donde me esperaba el joven sacristán que se había quedado trabajando para nosotras en la casa-hogar. La hermana Clarita, como siempre cuidándome, lo mandaba a recogerme, organizábamos los pedidos en la mañana con todo y facturas; en la tarde nos dirigíamos a la universidad que estaba entre el pueblo y la ciudad. Llegaba temprano y aprovechaba para estudiar; mientras era la hora de ingresar a clases, él repartía los pedidos, después se dirigía a su tecnología en informática, terminaba un poco más temprano y me esperaba.

Al día siguiente, tuve que correr mucho para despachar todos los pedidos que teníamos, organicé los paquetes, me llevé la maleta, visité a unos clientes que deseaban adquirir el producto. Luego, nuevamente a clase. Al salir me senté en un sitio menos concurrido de la cafetería, divisé al joven del día anterior, era simpático, pero no deseaba una relación, no quería involucrar a nadie más en mi caso, le hice señas a Luisa y nos tomamos el café caliente, hacía frío.

En medio de la rutina, las clases, el negocio, la casa-hogar transcurrían los días, no tenía tiempo para pensar en mi misión, aunque la hermana Clara me decía que olvidara y perdonara; perdonar probablemente sí, pero olvidar, no, no podría hacerlo, me sentía en la obligación de hacer justicia, se lo debía a mis padres.

Estaba concentrada en mis estudios, al salir sentí una mano que me tomaba el brazo, me asusté, era aquel joven.

—Perdón, no quería asustarte, ¿puedo invitarte a un café?

—No, gracias, discúlpame es que tengo prisa.

Parecía que rechazar a ese chico lastimaba su ego; quizás no me aborde más, o de pronto se vuelva más intenso.

No pensé más en él, de hecho, no me interesaba, era muy guapo, pero tenía una meta que cumplir. Ingresé a la oficina de pagos y tropecé nuevamente con él, mis libros rodaron.

—Disculpe, no lo vi.

—No se preocupe, yo lo recojo.

—Señorita Canizales, le tengo una mala noticia, han devuelto el cheque. —Me levanté lentamente, miré a la secretaria.

—Pero no puede ser.

—Revise si tiene algún problema, la he estado llamando desde hace varios días, pero usted no se había reportado.

—Sí, estaba muy ocupada y... por favor, deme dos días, yo resuelvo.

—No puedo, solo tiene hasta mañana.

Él escuchaba mientras recogía los libros, me los entregó y me despedí, un poco apurada porque Luisa me esperaba.

A la mañana siguiente, las cosas no estaban muy claras, habían pagado con un cheque sin fondos, por lo que debía resolver el pago del semestre. Ingresé muy preocupada a la oficina de la tesorería nuevamente para entregar el cheque, la secretaria me miró algo desconcertada.

—¿Por qué me dice eso? ¿Aquí ya no aparece con mora?

—¿No habló con su novio?

—¿Mi novio?

—Se tropezaron al entrar, él me dio un cheque.

El único que estaba ahí era Esteban, tiene que ser él, ¡está loco! No me conoce, pero… yo no necesito de su dinero, bueno… ¿qué hago? Fui a clase y no dejaba de pensar en por qué dejó ese cheque. Debía devolvérselo lo más pronto posible, no quería compromisos con nadie.

—¿No es cierto, señorita Canizales?

—Ah, sí, disculpe, estaba distraída.

—No se me distraiga, por favor —me dijo con voz suave el profesor.

Salí rápidamente, fui a la cafetería, me hice visible, pero él no llegó. Le conté a mi amiga lo sucedido, le pareció extraño.

—Debo ir a cobrar el resto de dinero de los productos, ¿me acompañas en la mañana?

—Sí, claro, terminamos la gaseosa y salimos de la universidad.

Lo buscaba, volví a verlo, esta vez con una chica, no fui capaz de acercarme, me sentí extraña, estaba muy acaramelado con esa niña, muy joven, por cierto. Fui al dueño de la tienda de la universidad para ofrecerle los productos, indudablemente parecían de buena calidad.

—Déjame unas muestras, te avisaré luego.

—Sí, aquí tiene mi tarjeta.

Cuando me di la vuelta estaba ahí parado frente a mí, tan cerca que sentí su olor y no pude evitar sonrojarme.

—Disculpe, lo estaba buscando para agradecerle.

—No se preocupe, le dije que quería ser su amigo, nada más, eso se hace por un amigo, en las buenas y en las malas.

Tomó el cheque, lo guardó en su billetera y salió abrazado con la niña. Me quedé mirándolo, no sabía qué pensar, ni qué decir, pero sentí algo extraño que no podía definir.

Me senté, esperé a Luisa, mientras me tomé un café, le comenté lo ocurrido y solo atinó a decir:

—Estás enamorada, sí, señor.

—No, solo me parece extraño que sin conocerme deje un cheque por semejante valor, debe trabajar o tener una empresa, no sé.

—Te interesa, yo lo creo.

—Que no, no molestes, si te hubiera pasado a ti estarías sorprendida, ¿no?

—Creo que sí, pero esas cosas solo te pasan a ti. —Y salimos jugueteando y riendo.

Los días transcurrieron iguales, nada fuera de lo común, luego miré mi correo y encontré a Esteban, comenzamos a intercambiar ideas, tenía que ver con los niños de bajos recursos, creo que me interesé en el tema; conversamos sobre nuestras carreras, y me dijo que él ya estaba terminando. También hablamos de los profesores, de las ideas un poco revolucionarias, de la injusticia social y de cómo transformar este mundo, con ideas diferentes, con personas diferentes, con más humanidad, y menos intereses particulares. Su mensaje altruista me atrajo, nos despedimos y cuando cerré mi computadora pensé en cómo obtuvo mi correo, llamé a Luisa y me aseguró que no; la intriga quedó para cuando lo viera o se conectara de nuevo.

Cuando llegué a la universidad estaban todos reunidos, me tapé los oídos por el fuerte sonido del equipo, ahí estaba, parado al frente, con el micrófono esperando que arreglaran el sonido. Pasé por entre los compañeros y me situé en una buena posición, podía divisarlo, pero ¿por qué estaba ahí?

Comenzó su discurso:

—Estamos hoy aquí reunidos defendiendo nuestros derechos. Todavía no se han tomado medidas para judicializar a aquel docente que intimida con las notas, si no accede a sus insinuaciones morbosas, ¿qué está pasando con las directivas de la universidad? —Y ahí estaba también la niña, fuerte y decidida a luchar por sus derechos.

Lo llamaron a descargos, querían ficharlo como persona no grata para la universidad, se enfrentó al rector y a todas las directivas por las injusticias.

Si no quieren que hable, por favor, presten más atención a lo que se les dice, porque todo se queda en llenar un formato y no pasa nada. Queremos acciones. Esto me comentaba cuando nuevamente estaba en mi correo, me pareció cada vez más interesante, ¡qué bueno gente con esa determinación! Estábamos de acuerdo, sentí que verdaderamente había ganado un amigo.

Le comenté sobre la fundación y nuestro trabajo en ella, la colaboración que había recibido de parte de la hermana Clara para estudiar, mi trabajo en algunos casos con el papá de mi amiga, pero cuando le preguntaba por su familia era muy ambiguo, sentía que no deseaba hablar mucho sobre ello, e igual yo no me quedaba atrás, evadía casi todas las preguntas, era una amistad que había empezado no de buena forma. Supe antes de salir a vacaciones cómo Esteban ayudaba a otro joven con problemas con un docente, ya era reconocido y respetado por sus discursos.

Me sorprendió cierto día una llamada para un gran pedido a almacenes reconocidos a los cuales no había podido ingresar. Me dieron la cita para un almuerzo, me arreglé como nunca, quería impresionar. El mesero me llevó a la mesa reservada, me sirvió un buen vino y esperé, vi que se acercaba un hombre joven con traje y gafas oscuras. ¡Oh!, ¡sorpresa! Era Esteban. Me levanté, no permití que me saludara.

—No me gustan este tipo de bromas con mi trabajo, del que dependen muchos niños, no es gracioso. —Tomé mi bolso dispuesta a salir, volvió y me tomó del brazo.

—Por favor, déjame explicarte, no es una broma, por el contrario, estás hablando con el gerente de los almacenes, mira mi tarjeta, siéntate, por favor.

Me senté, no entendía nada, estaba algo turbada, mi enojo se reflejaba en mi rostro, él seguía hablando.

—Mi nombre es Esteban de la Torre, soy el gerente comercial de los almacenes E & T, me interesaron tus productos, pero en especial, me gustó su destino, para quien van dirigidas sus ganancias, ¿trajiste la cotización?

—Sí, claro, ¿cómo obtuviste mis datos? —Le pasé los papeles, los revisó.

—Sí, está legalmente constituida. Le pasaste la tarjeta al señor de la cafetería de la universidad. Comenzaremos con 500 unidades semanales y de acuerdo con su consumo aumentaremos el pedido, yo los…

—¿Qué van a ordenar? —interrumpió el mesero.

—Para mí lo mismo de siempre. —Tomé la carta, la verdad no estaba acostumbrada a restaurantes tan costosos.

—Ayúdame, Esteban. Nada de mariscos.

—Este es con pollo, trae dos ensaladas, papas gratinadas.

—*OK*, este, por favor.

Respiré profundo, ya estaba ahí, pero no sé por qué estaba molesta.

—Mira, Sara, la verdad es que me llamaste la atención cuando te vi en la universidad, pero tuve una mala experiencia con una relación instantánea, era más joven y me dejé llevar por mis impulsos. Fue desesperante, casi no me deshago de esa persona, enferma, diría yo. No quiero molestarte, si mi amistad no te interesa, no hay problema, sí quiero hacer negocios porque sé que van dirigidos a una causa noble. Todo lo que se coloca en los almacenes generalmente se vende y quiero poner mi granito de arena en este proyecto tuyo y de la hermana Clara.

—¿Cómo sabes de ella?

—Soy un empresario y antes de hacer negocios con alguien me aseguro de su procedencia, además algo me habías comentado. Tengo mi personal especializado.

—¿Y de mí qué más sabes?

—Estudiaste en el colegio Santa Clara como novicia, una muy bonita, por cierto, eres huérfana, de ahí no sé más, dime tú, si quieres, claro.

Trajeron los platos, se veían deliciosos.

—Mi vida no es sencilla, a mi padre lo mataron en la puerta de mi casa cuando era niña, tenía seis años, mi madre murió, digo que de dolor por la pérdida de mi padre y de todo lo material, ella no pudo con eso. Mi nana me cuidó hasta que tuve que salir de ahí a los once años, su hermano intentó violarme, lo golpeé con un bate; volví a los años, pero no pude encontrarla.

—¿Cómo que lo golpeaste?

—Sí, lo golpeé con un bate en la cabeza, quedó tendido en el suelo y sangrando mucho, pensé que lo había matado, por eso me fui, pero hace algún tiempo supe que no.

—Lo tenía muy merecido por meterse con una niña indefensa.

—Niña sí, indefensa no, ja, ja, ja.

—Me agradaría conocerte mejor, podemos ser buenos amigos, lo demás dejémoselo a ese señor.

—¿A cuál?

—A ese destino. —Y nuevamente reía.

Me agradaba su sonrisa, su mirada, también su alegría, debía llenarme de personas positivas.

—Te llevo a tu casa.

—Vivo en la fundación, soy huérfana, ¿lo olvidas?

—No, vamos.

—¿Sabes dónde queda? —Miré su auto lujoso—. Es bonito, me gusta.

—Sí, en el pueblo que está cerca —me contestó con voz firme.

—No te preocupes, vengo en el carro de la fundación, gracias, eres muy amable. —Me despedí y pensé que al igual que él me investigaba yo también lo haría.

Me dediqué a averiguar la vida de mi nuevo amigo, el padre de Luisa colaboró mucho con eso, de hecho, conocía a su padre, era un prestigioso comerciante, pero ¿por qué no hablaba de él?, debería sentirse orgulloso.

Una mañana estaba empacando los pedidos para llevarlos a la ciudad, apurada, me sorprendió ver al padre Ignacio. Dejé las cajas y me acerqué.

—Hola, hija, vine especialmente a hablar contigo, me demoré porque tuve que viajar, pero bueno estoy aquí, que es lo importante, sabía que en las mañanas estabas organizando los despachos.

—Sí, padre, vamos, siéntese y tómese un cafecito mientras hablamos.

—Bien, dos cosas: la primera es el teléfono del colegio que desea comprar tus productos, es cerca de mi iglesia, ahí te recomendé; la segunda es que no encontré el número de teléfono de María, creí que lo tenía anotado en mi agenda, pero no. Lo que tengo es el nombre del pueblo, debes ir a buscarla. —Luego abrió un sobre de manila y me entregó papeles de mi padre; observé por largo rato la foto, la cedula, suspiré profundo—. Me voy, hija, se me hace tarde, saludos a la hermana Clara.

—Sí, con gusto y gracias, gracias, padre, que Dios lo bendiga por todo lo que ha hecho por mí.

—Es mi deber, hija, para eso estoy. —Y mientras se alejaba yo corría a entregar todos los paquetes para distribuir.

Ya sabía dónde estaba mi nana, debía buscarla, no tenía su número, pero así me tocara revolver todo el pueblo, lo haría para encontrarla. Luisa no podía acompañarme, su madre estaba recién operada de sus cirugías plásticas. Me sentí sola, aunque no era momento para detenerme.

Me dirigí al pueblo de María a dos horas de la ciudad, me alojé en un hotel del centro, desayuné y comencé a buscarla; le pregunté al tendero, al panadero, a la gente de la calle, cada señora que encontraba pensaba que era ella, pero nadie sabía nada, aun así, no podía rendirme. Cansada de caminar, fui nuevamente al hotel, me quedé dormida encima de la cama, el frío me despertó, tomé el cobertor y seguí durmiendo.

A la mañana siguiente, me sentí con fuerzas para continuar con mi labor, llevaba dos días preguntando y nada, en el hotel recibía señoras de nombre María, pero ninguna era mi María.

Pensé en regresar, pero debía aprovechar las vacaciones, me sentaba en el parque por largas horas a pensar, le pedí a Dios que me ayudara, y nuevamente me ayudaba. ¡Claro! ¡Cómo no había pensado en eso! Iría a la iglesia, el padre en la homilía podría preguntar por ella, era una mujer piadosa, debía ir a misa todos los domingos. El sacerdote me escuchó atentamente, anotó el nombre completo y me acercaba a las horas de la misa, pero el sábado fue infructuoso, regresé el domingo en la mañana y todo fue inútil. Mis datos quedaron en la iglesia, regresé al hotel muy afligida.

La hermana Clara no permitiría que estuviera sola, le habló a Esteban, pues conocía quién era y el interés que, según Luisa, tenía por mí; encontró sus datos en la factura del pedido de papitas y platanitos.

Me recosté en mi cama, prendí mi computador, ahí estaba su mensaje bonito con carita feliz, era gracioso.

—*Sabes que cuentas conmigo, me gusta la aventura ya arreglé todo en la oficina para que Jorge me reemplace, mientras viajo por una amiga a enfrentarse a su destino, además no tienes carro y yo sí.*

—*Sí, Esteban, mi amiga Luisa no pudo acompañarme.*

—*Bien, te ayudaré, si quieres, claro.*

—*Te espero, gracias, me llamas cuando llegues, chao.*

Nos encontramos a la hora acordada, desayunamos, nos reímos de sus chistes flojos. En el camino al hotel cada uno se sinceró, le conté detalles de mi vida y él igual. Su padre, hombre de negocios, pero no estaba de acuerdo con él en muchas cosas.

—*Mi vida es más aventada, él se cuida todo el tiempo del qué dirán, si tienes el traje mal puesto, si la corbata no te combina, etc. Quería que me casara con la hija de su mejor amigo, una niña, bueno, la verdad es que no me gusta hablar mal, pero no es mi tipo.*

Almorzamos por ahí, llegamos al centro del pueblo, la misión era encontrar a María.

—Señora, ¿conoce a María Cifuentes?

Fue un no seco, preguntamos aquí y allá, sin respuesta alguna. Fuimos al supermercado y el administrador, muy amable, nos contó de una señora María que trabajaba en oficios varios en la alcaldía.

—Vive en la casa de la psicóloga, yo tengo la dirección y el teléfono. Ella colaboró con el caso de mi sobrina, la señora le renta una habitación, me parece que coincide con la descripción que usted me da.

—Llevo mucho tiempo buscándola, podría ser ella.

Ya casi anochecía, estaba emocionada, le timbré hasta que contestó.

—Hola, ¿hablo con María? —Mi voz sonó entrecortada—. ¿María Cifuentes?

—¿Con quién hablo?

—Con Sara, te he estado buscando... aló, aló, María...

—Perdón, se me cayó el teléfono, llevo varios días aquí en el pueblo. ¿Sara, sarita?

—Sí, la que te decía Nani.

—¡No!, ¡no!, ¡no puede ser! ¡Dios escuchó mis oraciones!, ¿dónde estás?

—Aquí en el parque.

—¿Aquíííí? ¡No puede ser!, ¡oh!, Dios.

—Ven, te espero en el atrio de la iglesia.

—Sí, voy, voy.

María salió como loca. Tomó un saco, se cambió los zapatos y corrió. Le parecía que las calles se hacían cada vez más largas; agitada, llegó al atrio. Esteban me señaló una señora que venía agitada.

—¿María?

—¡No puede ser!, ¡eres mi Sarita!, mi Sari. —Nos abrazamos, un abrazo largo, fuerte—. Cómo has crecido, Dios, parece mentira, mi niña, mi niña. —Y lloró de emoción, con voz entrecortada me dijo—: Es una bendición de Dios, le prometí a tu madre que te cuidaría, y mira, pero el padre me aconsejó que era mejor así, no estuve cuando debía cuidarte.

—No te preocupes, mira, te presento un amigo, él me acompañó a buscarte.

—Señora María, le dejo a la niña, tienen mucho de qué hablar.

—¿Pero y tú?

—No te preocupes, me alojaré en el hotel.

—María, ¿puedo quedarme donde vives o te quedas conmigo en el hotel? Para conversar.

—No, mi niña, mejor en la casa, tenemos mucho de qué hablar.

—Esteban, toma las llaves del cuarto del hotel, mañana vendré a desayunar contigo.

—*OK*, no te preocupes estaré por ahí, me tomaré una cervezas y luego a dormir. Chao, hablaremos mañana. —Me besó en la cabeza, hizo un gesto de adiós con la mano a María y se alejó.

—María, te ves muy bien, no te pasan los años.

—No creas, hija, la pasé muy mal, te busqué por toda la ciudad, en cada parque, en cada colegio público, debías estar estudiando, pero no te encontré, hasta que recibí la llamada del padre Ignacio, me contó que estabas estudiando en un colegio de religiosas muy prestigioso, por cierto, si él no me llama, en el último lugar donde te hubiera buscado sería en un colegio así, privado.

»Yo creo que Dios escuchó mis oraciones, le pedía tanto que te cuidara, ¡no lo puedo creer! Cómo estás de bonita, siempre fuiste linda.

—Gracias, Nani.

—Ven, entra y te sientas mientras te preparo un cafecito.

—Sí, calentito y con leche, gracias.

—Después que te fuiste, por el golpe que le diste a mi hermano,…

—¿Y qué pasó con él?

—Lo mataron.

—¿Cómo?, me dijeron que estuvo enfermo del golpe que le di con un bate, Nani, pero…

—No, no, no fuiste tú, ya te cuento, perdóname, hija, por no cuidarte mejor —dijo con cara compungida—. Sé lo que hizo, el padre Ignacio me contó; fue un buen golpe, te felicito por defenderte, se lo merecía.

»Te busqué por todos lados, puse el denuncio en la policía, que luego lo retiré cuando el padre habló conmigo. Le contaste a la hermana superiora dónde estabas estudiando, él fue al colegio a pedir tus papeles y ahí le dieron mi dirección y mi teléfono; me llamó, hablamos bastante, supe que podías estudiar en ese colegio y que el padre estaría a cargo de la casa. Me recomendó que te dejara ahí, por mi hermano, alquiló la casa para pagar tus estudios y los impuestos hasta que fueras mayor de edad.

»Sabía que estabas bien ahí, me tranquilicé, le informé de la finca, pero yo no podía irme para allá porque mi hermano estuvo muy enfermo, me dijo que se estaría comunicando para informarme con detalle sobre tus cosas; también lo hice por tu mamá, ella quería una buena educación, así que no insistí en sacarte del colegio, sabía que estarías bien, mejor que conmigo. —Nos abrazamos de nuevo; Nani lloró—. Le prometí a tu madre que te cuidaría.

—Oye, oye, no te preocupes, mejor cuéntame de ti.

—Yo trabajo en oficios varios en la alcaldía del pueblo. Allí conocí a la doctora, una psicóloga, a ella no le gusta vivir sola, ni los quehaceres de la casa, yo los hago y con eso le pago, se va los fines de semana a la ciudad para donde la familia.

—Nani, no te preocupes creo que tenemos un destino y a lo mejor yo debía pasar por esto, conocer a la hermana Clarita, a mi amiga, a Esteban, Dios sabe cómo hace sus cosas.

—Sí, escúchame, te sigo contando… Estuvo muy enfermo, después medio se recuperó, embarazó a su novia y los tuve ahí en mi casa, hasta que nació el niño con problemas, tiene retraso. A él lo mataron hace poco, fue una guerra entre pandillas, sabía que no terminaría bien, era adicto a las drogas, hubo una balacera, ahí quedó.

—Lo siento, Nani.

—No te preocupes, él se lo buscó; le dije al padre que me iría a mi tierra y cuando terminaras tus estudios te dijera donde estaba. Una familiar se pensionó y me recomendó para oficios varios, así llegué aquí, no quería venirme por ti, pero sabía que estabas bien, además me quedé sin trabajo, tuve que hacerlo.

—Pero fui a buscarte y la casa estaba sola, no había nadie.

—Ellas trabajan y dejan el niño en un instituto especializado, le hacen terapia, le enseñan y en la tarde lo recogen.

—¡Ah! Ya, ya, entiendo.

—Nani, yo no regresé pensando que me meterían a la cárcel por haberlo matado, sangraba mucho y no respondía; me asusté mucho, mucho, salí corriendo, con las instrucciones de mamá, tu sabías cuáles.

—Sí, yo sabía.

Espera, te traeré algo, mira, este cuadernito tiene uno datos que sé que te interesan, es sobre tu papá, mira.

—¿Y qué son estos datos?

—Guardé algunos papeles de tu papá que encontré en la maleta de tu mamá. Ahí encontré todos los teléfonos, también está la dirección de la empresa donde trabajaba.

—Bien, María, gracias, luego lo reviso.

Hablamos hasta a la madrugada, ya cansada nos fuimos a dormir, me levanté tarde, asustada.

—¡Oh! Debo ir a desayunar con Esteban. ¿Te irás conmigo?

—Sí, mi niña, como hablamos anoche, dejo mi carta de renuncia, alisto mis cosas y en un par de días allí estaré.

Nos abrazamos, nos sentimos livianas, como si ambas nos hubiésemos quitado un peso de encima; ella por encontrarme y cuidarme como se lo había prometido a mi madre, y yo, porque por fin encontraba a alguien que se preocupaba por mí y de paso me unía a mi pasado.

Salí corriendo, llegué al hotel, vi a Esteban con el periódico tomándose un café, y con voz agitada le dije:

—Lo siento, me tardé mucho.

—No te preocupes, ¿arreglaste todo?

—Sí, llegará con sus cosas a la fundación, le dejé algo de dinero.

—¿Y ese cuaderno?

—Parte de mi vida, desayunemos ¿me ayudas a revisarlo?

—*OK*.

Esperé a María, me despedí.

—Llega lo más pronto posible, eres lo único que me queda de mi familia.

Nos abrazamos, se aguaron nuestros ojos. María estaba emocionada:

—¡Iré!, ¡iré lo más pronto que pueda! Chao.

Nos alejamos, pero sentí que un gran descanso llegaba al corazón de aquella tierna mujer. Era como si hubiera encontrado a una hija.

Una fría mañana estaba mirando por la ventana, de pronto, apareció María con sus enseres y todos los chicos grandes fueron corriendo a bajar las cosas. Instalada, nos reunimos para revisar detalladamente la información y concretar planes para esa labor, de pronto, ingresó la hermana Clarita, con su carita alegre y dulce.

—Perdón por la interrupción, déjame decirte lo que pienso de todo esto, porque si no me ahogo. —Tomó asiento en frente de las dos, nos miró a los ojos—. Yo sé que no es fácil, que has pasado duros momentos, pensé que eso de encontrar a la persona que mató a tu padre era una ilusión nada más, pero ahora que veo que tienes algunos datos y que vas a corroborar si efectivamente lo hizo, me parece un asunto muy peligroso, no se revivirán y tú quedarás con un enemigo a quien no le temblará la mano para hacerte daño. Sarita, yo no te quiero perder, esta fundación fue idea tuya, fue un sueño hecho realidad, eres valiosa para esos niños, la venganza no te lleva a ninguna parte.

—Pero, hermana, yo… —La abracé como pidiendo ayuda y algo de consuelo.

—Hija, recuerda que Dios sabe cómo hace sus cosas, él tendrá su castigo.

—Sí, pero yo quiero colaborar para que se haga efectivo y pronto, ya no quiero llorar más, ¡quiero que pague!

Pasaba por ahí el chico muy delgado y preguntó:

—¿Por qué estás triste?, ¿qué pasa?

—Nada, Jaimito, cosas de la vida que no puedo olvidar. Mataron a mi padre cuando era niña, aún tengo pesadillas, el tipo que lo hizo está en la cima escalando, de la forma más vil, sacando de circulación todo lo que se le atraviese en el camino, es una basura humana que no debería existir, me hizo mucho daño, pero la hermana no quiere que me exponga, por ustedes.

—Si quieres yo te ayudo.

—Pero ¿cómo? Por mi sed de venganza alguien puede salir herido o muerto. ¡Oh, Dios! No sé qué hacer.

—Tú me has ayudado mucho, no sé cómo agradecerte que me hayas traído a la casa-hogar, prácticamente no tengo familia, pero ustedes han hecho más llevadera esta agonía.

—¿Qué te dijo el médico?

—Esto no tiene reversa, tomé la decisión de no realizarme más quimio, me pone tan mal, además no me garantizan la cura, solo alarga mi sufrimiento.

Jaimito era un joven que llegó a la fundación, después de recogerlo de la calle, golpeado, malherido, la hermana Clara y yo lo llevamos al hospital, estuvimos pendientes de su recuperación, le compramos pijama, toalla, cepillo y crema. Luego dado de alta, firmamos su salida.

—¿En dónde te dejamos?

—Gracias, hermana, señorita, muchas gracias, déjeme en la calle, no tengo a dónde ir. Salí de mi casa porque me golpeaba mucho mi padrastro, la última vez casi me mata porque me enfrenté con él, estaba cansado de sus malos tratos. Entre el sobrino y él me golpearon, sobre todo cuando se dieron cuenta de mi enfermedad y que no pude trabajar más; como no aportaba... Así comenzó todo y mi madre no hacía nada, prefería a su marido, parece que Diosito no me quiere todavía.

—*OK*, chico, no te preocupes que manos es lo que necesitamos en la fundación, vámonos.

—Perdón, ¿a dónde vamos?

—Tenemos una casa-hogar para personas como tú, que no tienen a dónde ir.

—¡Oh!, ¡qué bien! Son ustedes muy amables, que Dios las bendiga. ¿Puedo salir? ¿O debo quedarme encerrado?

—No es una cárcel, hombre, es una casa-hogar. Claro que hay que cumplir ciertas reglas para quedarte ahí, pero nada del otro mundo: hacer tus quehaceres, respetar ante todo etc.

—Gracias, muchas gracias.

Se veía contento, el buen trato, el encuentro con Dios en las mañanas todos sentados en el césped con la cabeza hincada, con los ojos cerrados, la música suave, el encuentro consigo y aprender a perdonar a los que nos hacen daño era una muy buena terapia para todos, limpiaba el alma, pero aunque perdonaba yo no olvidaba y sabía que Dios impartiría justicia, pero tenía que ayudarle.

La gran colaboración de Jaimito nos daba un descanso, estaba muy atento, era bastante diligente y solo salía a sus exámenes con el médico, parecía estar cada vez mejor. Se veía muy agradecido por la acogida, el buen trato, así que siempre estaba dispuesto para lo que se necesitara.

De pronto, sentimos una música a muy alto volumen, una canción de cumpleaños, me levanté y comencé a cantar, lo abracé.

—Feliz cumpleaños, te queremos mucho, ven bajemos a partir el pastel.

Y se armó una gran fiesta de cumpleaños para Jaimito, con globos y serpentinas, la comida estuvo deliciosa, abundante y ahí apareció Esteban con su sonrisa encantadora.

—Esta rosa para la dama más hermosa. —Su sonrisa siempre, su sonrisa me animaba, además de esa energía que irradiaba.

—Gracias, Esteban, por compartir con nosotros este día.

—Me intereso por ti, aunque siento que no soy muy de tu agrado.

—¡No digas eso! Es solo que debo resolver ciertos asuntos en mi vida, perdí a mis padres siendo muy niña, no resistiría perder a alguien más. Sé que tienes muchas amigas, eres joven, bueno, mi tipo de vida es más altruista, me gusta lo que hago aquí en la fundación, seremos buenos amigos.

—*OK*, por lo pronto me conformo, el amor no se construye a punta de presión, él nace por sí solo, él dice cuándo y con quién.

Compartimos un buen rato, luego me besó en la frente y se marchó.

Me despedí haciendo señas con las manos, volví a la rutina, el trabajo me absorbía, no podía dedicar tiempo a mi investigación, pero ¿cómo hacer pagar a esos asesinos? ¿Cómo hacerme invisible?, ¿cómo ponerlos donde merecían? El dinero para el soborno se presenta en cualquiera de las entidades y la justicia no se quedaría atrás.

Pasaron los días y revisé mi correo, era el papá de Luisa, me pidió todos los datos que tenía. «La familia de la secretaria de tu papá contrató a un abogado e hizo todos los trámites sobre la denuncia, ellos se fueron por seguridad, pero todo está en la fiscalía. Por tu seguridad, no comentes nada a nadie, te estaré informando, hasta pronto». El padre de Luisa era parte de todo este proceso, sus consejos, su disponibilidad de escuchar a la mejor amiga de su hija, me tranquilizaban.

Cada día revisaba mi *mail*, ¿con qué información saldría? Estaba agradecida por ayudarme con mi investigación. Pero nada, y realmente me daba pena preguntarle a Luisa, debí ser paciente.

Al día siguiente Esteban fue a buscarme, nos dirigimos a la cafetería.

—Estás pálida, pero te ves hermosa.

—Gracias, Esteban, es el trabajo, tengo mucho, pero ya estoy poniéndome al día, esperando que el papá de Luisa me informe. Le envié los datos sobre mi papá hace días no volví a tener comunicación con él; además con todo el trabajo que tengo no queda tiempo de pensar mucho en ello.

—Es necesario cambiar de rutina, por eso quiero invitarte a comer un helado o *pizza* o ambas cosas.

—*OK*, ambas cosas, tengo hambre.

La fundación progresaba en ayudas y en visitantes, algunos de paso; otros permanentes, nuestra gran familia crecía, con todo y sus quehaceres diarios. María siempre estaba pendiente de mis cosas, fue de gran ayuda en la fundación. Dirigía la cocina y evitaba el desperdicio.

Esteban me seguía cortejando, colaboraba con la fundación cada que podía, nos volvimos buenos amigos, disfrutábamos el campo, los paseos a caballo, el río, sumando las fogatas acompañadas de asados al carbón, carne, mazorca, arepas y todos, absolutamente todos, olvidábamos que las penas existían. Hacíamos de aquel lugar un mundo maravilloso lleno de paz y armonía, con la dulzura y la paciencia de la hermana Clarita, la risa contagiosa de Luisa, la amabilidad de la nueva psicóloga, sin dejar de contar con la grata compañía de la esposa del alcalde que donó un gran mercado, además la buena mesa de María. Después de la comida comenzamos a soñar con el mundo que deseábamos, cada uno daba su concepto sobre lo que sería un mundo sin maldad, sin temor, sin odio, sin egoísmo y, sobre todo, aunque difícil, sin ansia de poder.

Y como si la noche llena de estrellas me transportara a otro mundo, comencé a soñar con una vida en la que tenemos derecho a vivir dignamente, ¿saben? Leí las notas de mi padre, María me entregó su agenda y coincido con él en muchas cosas: hacer cumplir las leyes, cadena perpetua para violadores, para pedófilos, para reclutadores, para corruptos. Es necesario luchar contra la explotación sexual, a nadie parecen importarle los niños de la calle, no pueden estar en la indigencia. Las cárceles como «fábricas para trabajar, estudiar, rehabilitar», con un buen orador convencido de su fe, que la trasmita con bastante vehemencia.

Políticos untándose de realidad, no solo en época de elecciones abrazar y besar a la gente, ¡no! Todo el tiempo trabajando para el pueblo, más bien para la educación del pueblo, la ignorancia hace vulnerables a las personas. Aquellos que se aprovechan para diversos fines, unos los convencen para transportar droga ilusionándolos con dinero fácil; otros, con ideologías que esconden la verdadera intención de sus armas direccionadas al narcotráfico. Porque la lucha por el pueblo no existe, y nunca ha existido; si fuera así, no vulnerarían los derechos de los niños, no atacarían a la gente del campo, que son los que más sufren, que solo tienen su hacha y su azadón para poder subsistir y que amenazados salen a las ciudades, con temor, con hijos, con hambre, a mendigar el pan que en su tierra se ganaban. No entiendo la lucha por el pueblo, mientras la burocracia del congreso no deja avanzar, muchos congresistas, mucho sueldo, con nuestros impuestos, muchas vacaciones, muchas prebendas, sí, pero el trabajo no se ve reflejado, ¿las leyes? Muchas, pero pocas aprueban para beneficio del pueblo, somos un país con leyes tan permisivas que motiva la delincuencia, los que roban al otro día están en las calles, haciendo lo mismo, no hay penas ejemplares, ni mucho menos para el comerciante que compra los celulares, bicicletas o las partes de autos robados. A esos que NO conocen la palabra honestidad, que la tienen a kilómetros de distancia, haciendo dinero con el dolor y la vida de las personas honradas ¿quién los vigila? Impunidad, impunidad común denominador. ¿Gobernantes? Tienen escoltas, claro, poco les importa la seguridad de su gente.

Es necesario que personas con valores muy enraizados se postulen, aquellos que saben de trabajo honrado, buscando que no se desvíe el dinero del Estado, pero también es necesario que las entidades que controlan realicen su trabajo de manera eficiente e íntegra.

Para cambiar este mundo es preciso la unión de los países que comparten la democracia, la libertad, los derechos humanos, unidos a nivel mundial para trabajar por un mundo mejor de forma práctica y efectiva. No esperemos sentados mientras los gobiernos que someten a su gente financian grupos armados con equipos y estrategias de alta calidad, aparte de sus tropas, que se convierten en borregos ante un líder autoritario que esclaviza y viola todos los derechos de su gente.

¿Quieren respeto?, ¿quieren que el pueblo los apruebe todo el tiempo? Se lo deben ganar con leyes justas, con inversión, con amor. No con armas, coaccionando, se ha demostrado que no funciona, al contrario, empobrece cada vez más, la violencia solo lleva a la ruina a un país. Si somos personas inteligentes ¿por qué no utilizamos las palabras? Es muy importante dialogar para solucionar las diferencias; si damos amor recibiremos amor, si sembramos violencia, recogeremos violencia. Las guerras justificadas serían únicamente contra aquellos que esclavicen, que violen los derechos de su pueblo.

Todos debemos hacer la tarea, erradicar el hambre y la pobreza, incluyendo las religiones; el diezmo es para ayudar no para enriquecer, Dios no está dentro de un muro de piedra, ni en aquellos radicales que lo nombran para matar a otros, ni en los que lo utilizan para su propio beneficio. Él no castiga, ni desea que los hombres sometan a sus mujeres, ¿por qué deben estar privadas de la libertad dentro de una cárcel de tela negra? ¿Por qué matarlas si no cubren su cara? «¡No matarás!» es uno de los mandamientos de la ley de Dios; reacomodan la religión de acuerdo con su beneficio ¡machismo! Todo tan conveniente para ellos, o también recuerdan la época donde se podía comprar indulgencias, beneficio económico, solo eso interesaba; ¡ahí no está Dios!, por el contrario, está en los corazones del que siembra amor, perdón, solidaridad, respeto a la diversidad, si es negro, si es blanco, si es católico o protestante o practica cualquiera de las muchas religiones; como dice aquella bella canción hay más religiones que niños felices. ¡Solo hay un Dios!, con diferentes nombres de acuerdo al lugar, crea en él o no, todo es respetable. Los misioneros, sin divisiones, unidos para practicar una sola realidad: RESPETO. No se debe permitir aquel o aquellos que vulneren los derechos, que repriman, que impongan. «¡LIBERTAD!» es la palabra, pero las grandes potencias, los grandes líderes mundiales ¿qué esperan para liberar a tanta gente que sufre? En una sociedad debe haber leyes, ¡claro que sí!, pero leyes justas y es ahí donde debemos concentrarnos, ¿realmente tenemos «honorables» concejales? Ese recinto no debe mancharse con personas que han delinquido, ¿por qué se permite eso? Y solamente hay una respuesta: CORRUPCIÓN. Lo más triste es que actuamos como borregos, muchos mandatarios llegan al poder con mentiras, comprando votos, luego se creen reyes e imponen, mandan sentados en sus cómodos sillones a los «borregos» a la guerra, que no tienen claro por qué pelean, guerras sin sentido. Recuerdan a Hitler, un solo loco, y los borregos matando miles de personas, aunque algunos no estaban de acuerdo, pero igual lo hacían, ¡qué triste y que falta de criterio y de moral! Lo más deleznable es observar cómo algunos militares se dejan comprar y no les importa el sufrimiento de las personas indefensas, personas honradas, personas trabajadoras, ellos deberían direccionar sus armas para defender ¿quién intentó detenerlo? Otros países tuvieron que intervenir para detener esa matanza sin sentido.

Se debe trabajar para que cada nación ame y respete a su pueblo, así se evitará el desplazamiento forzado, además muchos países libres y democráticos no tendrían que luchar para cerrar fronteras.

Esa unión de países en la que transite una ideología que además imprima en los colegios alegría, amor enseñándoles para la vida, una vida digna, con principios, con emprendimientos, resaltando la educación financiera, inyectando el temor a las drogas, como el peor peligro para la humanidad; trabajando para los niños, en su primera infancia con docentes especializados para una educación efectiva, protegiéndolos de quien los vulnere, pues son ellos la esperanza de la humanidad. Se puede higienizar una sociedad carcomida, infectada, que destruye. Es hacia ellos que se deben direccionar todos nuestros esfuerzos para desarrollar una sociedad justa, libre, positiva y productiva, pero para eso debemos manejar una sana disciplina, porque cuando los deberes se realizan con gusto, no suena a imposición y se hacen casi sin darnos cuenta, como el tender la cama o cepillarse los dientes, rutina con amor, con alegría, alejándolos de todos esos programas y juegos que fomentan la violencia, la maldad. Los juegos deben ser eso, juegos sanos, que los eduquen, que aprendan muchas cosas, otro idioma, por ejemplo, al igual que los programas en la tv. Esto evitaría que los niños viesen esos dibujos animados diabólicos y malvados en los que se muestra siempre la guerra, armas, peleas; eso no es sano para un niño, no deberían permitirse y a los cuidadores, que usualmente no son los padres por aquello del trabajo, poco les interesa el contenido, solo mantenerlos entretenidos, ni la cantidad de horas que le dediquen al aparato electrónico, que se vuelve una adicción, lo cual obviamente no es sano.

—¡Oh!, ¡qué pena! ¿Quién desea compartir sus ideas? —Esteban suspiró—. Me gusta escucharte, es un buen punto cambiar este país.

—Sí, sembremos empresas en los barrios más pobres, en el campo; llevar capacitaciones para la planificación familiar, todo niño tiene el derecho a vivir dignamente, no en la miseria, enseñando a los padres la responsabilidad que tienen al traerlos al mundo. También es importante darle un manejo asertivo a los adictos con un lugar donde quedarse, donde puedan trabajar. ¡Oh! Bien, no quiero aburrirlos con mis sueños, mejor cantemos.

Esteban me tomó de la mano, me levantó y, con tono claro, dijo:

—Señoras y señores, no se diga más, llevemos a la práctica lo que esta bella dama sueña, trabajemos en el pueblo, de hecho, ya están haciendo una gran obra con la fundación, pero si quieres ayudar más, puedes trabajar y en las próximas elecciones participar.

No me gusta la política, se la pasan pagando favores, así no se puede gobernar, es difícil el avance de un pueblo cuando se mezcla política con negocios.

La música mejoró, seguimos cantando y bailando hasta que el sueño tocó mi puerta, me despedí. Esteban me acompañó hacia la casa, también estaba cansado, me abrazó, tomó mi cara entre sus manos, me besó y, antes de que pudiera decir algo, se marchó. Lo miré alejarse, se subió al auto, sonó la bocina y se fue.

Dormí como nunca, desperté un poco tarde, bajé y María me regaló un pocillo de café con leche, me senté al frente del jardín, sentí paz ante aquel bello paisaje, con hermosos pajaritos pechirrojos saltando de rama en rama; con el aroma del café, el fresco de la mañana y el recuerdo del beso robado.

Al mediodía sentí un alboroto en la entrada, todos salimos para ver de qué se trataba: un jovencito asustado, pálido y llorando trataba de explicar lo que deseaba. La hermana Clarita lo tomó del brazo hacia una silla, pidió agua o jugo, el chico lo bebió sin parar y, secándose sus lágrimas, con voz entrecortada, pedía que ayudáramos a su mamá, porque a él no le hacía caso.

—Pero ¿qué deseas? —preguntó la hermana Clarita, recibiéndole el vaso.

—Mi papá golpea mucho a mi mamá casi todos los días, le he dicho que nos vamos, pero no quiere por temor a morir de hambre. Yo le digo que trabajaré, pero no me hace caso —repitió desconsolado.

—*OK, OK,* vamos a la oficina y tomaremos todos los datos, no te preocupes que los ayudaremos.

—Gracias —repitió más calmado el niño—, ¡pero vamos ya porque la va a matar! ¡Por favor!

—Bien, bien, ¿y has ido a la policía?

—Sí, pero van, miran y luego como si nada, no hacen nada, lo regañan y él solo dice que estaba borracho jurando que no lo volverá hacer, pero sigue igual, ¡lo odio! ¡Lo odio! —La hermana lo abrazó, lo llevó a la cocina con María.

—Ya solucionaremos todo, no te preocupes.

Nos subimos al auto, nos dirigimos a la comisaría del pueblo con el niño, expuso nuevamente el caso. La funcionaria, más bien despreocupada, preguntó qué podía ella hacer.

—Ya se le había llamado la atención, pero la madre no lo quiere denunciar, tiene tres niños más pequeños.

Sara tomó al niño de la mano y salió furiosa.

—Incompetentes, ¿por qué no hacen su trabajo? Ellos deben proteger a los niños.

Nos subimos al auto y fuimos a la casa, salió la señora con cara de amargura;

—Entra, ¿qué haces? Tu papá está buscándote.

—Ahora me va a pegar a mí también —dijo entre sollozos.

—No te preocupes, nosotras te cuidaremos. —Con dulzura lo abrazó la hermana Clarita.

—Señora, usted le está haciendo daño a los niños permitiendo que su marido la golpee, ¿por qué no lo denuncia?

—¿Y para dónde me voy? Mi mamá dijo que con cuatro hijos no me recibía, yo quiero dejarlo, pero ¿cómo los voy a mantener?

—No se preocupe por eso, en la fundación le podemos ayudar, podría vivir allá por el tiempo que desee.

—¿En serio puedo quedarme? Somos cinco.

—Sí, cuando usted decida.

—Está bien, él no volverá, ahora se fue a tomar, estoy segura. Mi vecino tiene una camioneta y puedo llevarme las cosas.

—Sí, claro, por supuesto.

—Gracias por su ayuda. —Y salimos hacia la fundación. Ya eran varios niños, debíamos contratar una profesora, pero era necesario conseguir más ingresos.

Nos sentamos con las personas mayores que allí habitaban para planear cómo conseguir ingresos, porque cada vez crecía más el número de niños y adultos. Dos camas en una habitación pudimos acomodar, le tomamos fotos donde tenía sus moretones, nos sorprendimos de los muchos que tenía, pues aparte de en su cara estaban en la espalda y piernas.

Le comuniqué que debía hacer la denuncia para que todo quedara legal, cosa que aceptó con gusto, los niños por fin sonreían y jugaban en el patio.

Comencé a redactar cartas a las empresas pidiendo colaboración, buscando trabajo para la señora Teresa, que a pesar de sus golpes se veía muy entera y dispuesta.

Era gratificante ayudar a las personas con problemas, ver la carita de los niños donde la angustia desaparece reflejándose una sonrisa, es una satisfacción enorme, es difícil describir lo bien que se siente; son una cantidad de sentimientos encontrados que hacen que tu corazón lata a millón y que la vida valga realmente la pena vivirla.

Era mucho trabajo, la oficina, la casa-hogar con todo y sus dilemas, cada día uno para resolver. La colaboración de las empresas no se hizo esperar, ropa, comida, camas, colchones, dinero donado con el que logramos construir algunas aulas y contratar profesores para los niños de primaria. Organizamos con detalle el inicio del colegio, más que una casa-hogar, sería como una especie de internado no obligatorio, para quien realmente lo necesitara; se reubicarían las familias, les ayudaríamos a organizarse, direccionarlos para que logren ganarse el sustento diario. A los huérfanos, como yo, los ayudábamos hasta que fueran mayores y pudieran sostenerse por sí solos.

—La pequeña casa del mayordomo tenía una alcoba grande —dijo don pacho—, ahí se puede quedar la señora con los cuatro niños, puedo hacer unos camarotes con una madera que tengo, es solo comprar los tornillos, colchonetas. —Y así se iba solucionando la ubicación de la familia. Sabíamos que debíamos invertir en salones, más habitaciones, juegos, mucho amor y respeto para lograr una feliz convivencia.

No quise dedicarme a la política por toda su franja de corrupción, pero sí deseaba conducir a mucha gente por el camino cargado de valores, sobre todo a los niños, quienes eran nuestro más definido propósito.

Estaba tan concentrada en mi trabajo, en el colegio, en conseguir recursos, que me había olvidado revisar si tenía algún mensaje, además, como decía la hermana Clarita, no pretendía matarlo, no era de eso que estaba lleno mi corazón, quería justicia; al parecer a la gente común esa palabra no nos llega, no la conocemos, me sentía tan impotente, tan, tan, para qué decirlo.

Así pasaron los días, tuvimos que concentrarnos en Jaimito, se veía muy pálido.

—Te llevaremos al médico —dijo con voz cortante la hermana Clarita.
—Cabizbajo, se sentó, con voz suave aclaró que tenía cita programada para el día siguiente a las 8 a.m.

Salió muy temprano, La hermana y yo fuimos a validar los papeles de la sucesión de los bienes de mi padre, la casa donde vivía de niña, el departamento que puse en alquiler y una casa finca, cerca de la fundación, era muy hermosa, estaba bien cuidada. La familia del padre tenía una casa en el pueblo, ya casi terminada, y se mudarían, porque la hija necesitaba estudiar en la nocturna, ya que en el día atendía la secretaría de la parroquia. Sé que el padre lo había organizado así y permití que se quedaran, hasta que algún día pudiera mudarme. Ese día había llegado, la fundación ya casi no tenía espacio, me ubiqué con María; dejé en mi lugar a doña Teresa, la señora maltratada por su esposo. Señora muy agradecida, que trabajaba con mucho dinamismo y compromiso.

La casa que era de mis padres, ocupada por las oficinas de Bienestar Familiar, siguió así. Ahí tiempo atrás sentí latir muy fuerte mi corazón al verla, recordé cuando salía corriendo a recibir a papá, lo esperaba en el primer escalón y luego saltaba a él, que me agarraba con sus enormes brazos y me besaba.

Cuando ingresé me mostraron la casa convertida en oficinas, pero mi habitación y la de mis padres seguían intactas como si el tiempo no hubiera pasado. Pregunté por qué las conservaban, la directora me explicó que había algunos casos de familias o niños que se demoraban ahí mientras se les tramitaba algún papel o se esperaba para reubicarlos, por eso decidieron dejar las habitaciones para el tránsito de niños sin hogar. Me senté en mi cama, me dejaron sola, tomé algunas de las muñecas del estante que habían conservado muy bien, me recosté en la cama y lloré, por mí, por mis padres, por todo lo vivido, luego salí de ahí, renovamos el contrato. Posteriormente me instalé con María en la cabaña del pueblo cercano a la ciudad donde estudiaba, de hecho, me quedaba de paso a la universidad porque estaba ubicada entre el pueblo y la gran ciudad. María era lo que me quedaba de mi familia, era como mi madre. Compré muebles y demás enseres para la casa que había pintado y remodelado con antelación; mientras en la fundación conseguíamos armar empresa, asistimos al curso para manejo de pulpa de frutas, debíamos buscar otras fuentes de ingreso.

Luisa, como siempre, armó la fiesta de inauguración, era mejor instalarme en el pueblo, pues, aunque la ciudad estaba cerca, no era conveniente vivir en la casa de mi niñez, era mejor así, además me traía recuerdos muy tristes.

La hermana Clarita me facilitaba las cosas para que estuviera todo el tiempo a cargo de la empresa de papitas fritas y pulpas, claro que debía hacerlas crecer, porque de ellas dependían los niños que acogíamos.

Después de instalada regresé a la fundación a trabajar, planeando cada cosa. En la tarde hicimos una fogata, pues a los niños les divertía mucho, el papá de Luisa nos apartó hacia el kiosco un tanto misterioso, nos sentamos y, aclarando su voz, nos dijo:

—Quiero comentarles lo que he estado haciendo, estaba investigando para ayudarte, conocí al abogado de la familia de la secretaria de tu papá, después del sepelio se fueron a otra ciudad lejos de aquí. —Clarita y Luisa se miraron con un tanto de asombro, por supuesto le contó todo.

—¿Te dieron el nombre del jefe del padre de Sarita? —Respiró profundo contestando con tono un tanto melancólico.

—Sí, tiene en este momento un alto cargo.

—¿Te imaginas un bandido ahí?, qué ironía; representan al pueblo y supuestamente trabajan para actuar en justicia por el bien común. Es ahí donde los bandidos quieren que esté.

—¿Y qué vas a hacer con esa información niña?

—Aún no se, quisiera denunciar, pero luego dirán que no hay pruebas.

—Sí, es cierto, bueno, pero eso duele mucho, que esas muertes queden en la impunidad, ¡qué bueno sería acabar con esos malnacidos! —Sentía una gran impotencia.

—Es que no podría ver las noticias donde ese tipo figure, si no fuera por los niños desamparados que estamos cuidando, por la hermana Clarita y por las personas que quiero, lo buscaría y yo misma lo mataría.

—¡Por Dios Santo!, niña. ¡No digas eso!, te irás a la cárcel.

—¡No!, ¡no!, ¡no!, cálmate. Esa no es la solución.

—Espera, espera, ya la justicia se está haciendo cargo, tienen la denuncia de los padres de la secretaria, y han infiltrado personal para poder judicializar. Eso no es sencillo, hay que tener pruebas contundentes porque esa gente cuenta con buenos abogados y dinero.

—Duele, hermana, duele no poder hacer nada. —Suspiré profundo. Esteban me abrazó, pude sentir su ternura. Jaimito me trajo un vaso con jugo.

—Lo preparó doña Teresa —dijo tratando de animarme.

—Gracias a todos, no sé qué haría sin ustedes; mi gran familia.

Los niños ya estaban preocupados y tuvimos que dispersarnos, sequé mis lágrimas, seguí tomando mi jugo, luego trajeron la comida. Esteban comenzó a tocar su guitarra, cantaron un poco, después fuimos a casa.

Cada que amanecía me sentía bien, ante ese bello paisaje, viendo las flores, los pajaritos, el sol brillar; renacía en mí la esperanza de justicia divina, le pedía a Dios que no se olvidara, que no permitiera que esa gente siguiera como si nada.

Así pasaron mis días concentrada en ayudar a esas personas vulnerables que nos necesitaban, el padre de la parroquia del pueblo nos visitó, felicitándonos por nuestra labor, además éramos recomendadas del padre Ignacio.

Jaimito se volvió muy indispensable, cuando se demoraba en sus exámenes, lo extrañábamos, dirigía el grupo y lo hacía con tal liderazgo que los chicos seguían las reglas al pie de la letra. Esto nos ayudaba a manejar el orden para comer, jugar, hacer los deberes y hasta para ir a la cama. Aunque en algunas ocasiones lo notábamos algo cansado, pero nos contestaba que se sentía bien, no sabíamos si nos decía la verdad o algo nos ocultaba. Se le daba el dinero para los medicamentos, pues en algunas ocasiones no los entregaban y eran vitales para su salud.

Nos confirmó que debía ausentarse por algún tiempo, iría a visitar al mejor amigo del colegio, quería volver a recodar algunos momentos felices que compartió con él. Lo despedimos pidiéndole que ojalá la visita no se prolongara mucho, puesto que su presencia era importante para la fundación. Él, con su bondad, no sabía cómo agradecer ese voto de confianza, fue una despedida diferente, diría yo, muy emotiva.

—Siempre las llevaré en el corazón. Me sentí importante, me sentí diferente, me sentí gente por ustedes, siempre les estaré muy agradecido.

—Bueno, bueno, parece una despedida final, si no fuera porque dejas todas tus cosas diría que no vas a volver. —Nos miró y se fue diciendo adiós con la mano. Esas pequeñas riñas que él controlaba no se hicieron esperar, le tocaba a la hermana Clarita poner orden.

Trabajar en la fundación era muy gratificante para mí, estábamos ocupadas todo el día; me encantaban las visitas del orador, su fe, su manera de llegarle a los niños, se reflejaba en su rostro la bondad, la alegría de predicar, pero, sobre todo, su humildad, dedicado a salvar almas, diría yo. Su fe, su vocación las llevaba a los sitios más necesitados, las cárceles, los orfanatos; su forma de predicar erizaba la piel, le llegaba a la gente, movía los corazones lastimados, aquellos duros como coraza por el sufrimiento, pero él los cambiaba con paciencia, dedicación y elocuencia.

Jaimito no volvió, nos llamaba, decía que estaba colaborándole a su amigo con un trabajo y que no podía dejarlo en este momento que más lo necesitaba. Nombramos a la niña embarazada la líder del grupo por ser la más grandecita, básicamente tomó su puesto.

Esteban me visitaba los fines de semana, compró una casa finca cerca de la mía. Allí compartíamos gratos momentos, pero también se nos arrugó el corazón cuando recogimos a una niña golpeada y violada por su padrastro, que borracho se aprovechó de su inocencia. Quería la pena de muerte para ese tipo, pero con leyes tan laxas para los perversos, daba impaciencia.

Hablamos con Luisa para que fuera ella la que se encargara de escalar esos puestos, necesitábamos gente buena en el congreso, así nos ayudaría a todos nosotros o, mejor, a todas las personas más vulnerables que no tienen quien los represente. Aquellos a los que una madre permite que un hombre maltrate a su hijo y no haga nada; la ignorancia es atrevida, trabajamos con la ayuda del orador, el alcalde del pueblo y las personas que quisieran sumarse a este proyecto: «erradicar la ignorancia». También contamos con la ayuda del padre Juan, la psicóloga, para salir a las veredas llevando allí no solo el evangelio, sino también las letras, los números, la esperanza, la paz y el amor.

Más que buscar un puesto político era mejor trabajar ya, aportando mi granito de arena a todo aquello que soñaba; y si, como yo, muchas personas se sumaran sería increíble y más increíble aún si trabajáramos para evitar la contaminación política y ambiental.

Las campañas para la planificación familiar no se hicieron esperar, fuimos ahí donde la pobreza abunda, les enseñamos que planificar no es solamente tomarse la pastilla, sino verificar cuántos niños podemos sostener dignamente. Se les instruyó sobre los diferentes métodos incluyendo la cirugía, campaña que se realizó con los funcionarios de Salud Pública.

Para los sectores más deprimidos iniciamos una pequeña fábrica de artesanías con diversos materiales elaborados con madera, papel y goma, incentivamos el reciclaje y la huerta casera. Esto con el ánimo de erradicar el hambre. Como muchas familias muy pobres tenían solares llenos de chécheres, les enseñamos a organizar y a sembrar en familia desde el más grande hasta el más chico.

La fundación fue creciendo, cada vez se hacían más actividades con el ánimo de obtener nuestro sustento. A las familias que creían que la única opción en sus vidas era mendigar se les organizaron campañas de limpieza en sus humildes hogares, todos colaboraron con mucho ánimo; se les repartió limonada con galletas, era gratificante ver el cambio. Las casas de tablas se reafirmaron con maderas donadas que repellamos con barro y cemento; era increíble ver las casas domo que se construyeron con los habitantes del lugar; había una casa enorme ecológica con panel solar donde se instaló la fábrica artesanal. También llevamos nuestras voces a los colegios para dividirnos las zonas con los chicos de Labor Social, lo cual quedó gravado no solo en nuestras fotos, sino también en nuestro corazón.

Jaimito volvió con su amigo, cada vez más pálido y delgado, no se realizó más quimios, su voluntad era morir ahí en el campo acompañado de su mejor amigo a quien le permitimos quedarse hasta que partiera, como él decía.

El papá de Luisa me llamó con cierto grado de efusividad.

—¿Has visto las noticias?

—No, señor.

—Pues míralas, sentirás un fresquito, por fin se hizo justicia, la justicia divina que no perdona.

—¿Qué pasó? Ese miserable que acabó con la vida de tu padre va para la cárcel, mire las noticias, no le quito más tiempo.

—Gracias por su información, estaré pendiente.

Rápidamente entregué algunos pedidos y miré las noticias. Mi corazón palpitaba como si quisiera salirse de mi pecho, la hermana Clarita y María me acompañaban, también desde sus casas Luisa y Esteban. Ahí estaba la noticia: «Político influyente detenido por corrupción, narcotráfico, concierto para delinquir, vínculos con grupos armados, fraude procesal»; muchos años de cárcel lo esperaban y, por supuesto, la inhabilidad para desempeñar cargos públicos.

Al parecer el noticiero donde mi padre declaró que querían asesinarlo había entregado la grabación a la fiscalía e infiltraron personal para obtener pruebas, descubrieron toda la red de corrupción, la muerte de la secretaria y la de mi padre, limpiando su nombre. La justicia tarda, pero llega, bueno, en algunos casos, porque en otros la impunidad abunda.

Fue todo un escándalo, «político influyente en la cárcel», un juicio muy sonado, pero sus secuaces no permitirían que pudiera hablar. Cuando están hasta el cuello buscan la rebaja de penas contribuyendo con la justicia, pero con tanto vendido, terminará pagando pocos años, y eso me tenía preocupada.

Un par de días después, al parecer, amenazaron a su familia, tuvieron que salir del país con protección y, al verse solo, con su hogar destruido, le llevaron la solución para abandonar este mundo. De pronto, la noticia del suicidio de aquel político corrupto; no soportan verse en una cárcel, valientes para hacer el mal, débiles para pagar.

El que mal hace, mal acaba, por fin se estaba haciendo justicia, la hermana Clarita suspiró y me abrazó.

—Ahora podrás vivir en paz, con tranquilidad.

Pude hablar con el periodista que lo entrevistó, me contó todo, su denuncia, lo que pensaba y noté gran similitud entre sus deseos y los míos, estábamos conectados. Sí, padre e hija con un mismo sentir, esto me dio más fuerza para continuar con mi labor en la fundación e invitar a muchas celebridades para crear empresa ahí donde se nota el olvido. Asistí a varias entrevistas al mismo canal aprovechando para nombrar la fundación y crecer en ayudas que tanto se necesitaban.

En el pueblo corrió la voz de la propuesta con la que soñaba y se aplicaría ahí, en ese apacible lugar que desea prosperar. Como yo había sido la promotora de la fundación, de la empresa de alimentos, del lugar para elaborar las artesanías con la colaboración de la comunidad, me querían de candidata para direccionarlo, pero en mi lugar aceptaron a Luisa, tenía que hacer honor a mi propuesta, que no pensé que tuviera tanto eco.

Luisa, como siempre, celebraba por todo, pues realmente era una muy buena ocasión; preparó la fiesta sorpresa en la finca de Esteban, con la colaboración de María y la hermana Clarita. Fui hasta allá supuestamente porque estaba enfermo; todo estaba oscuro, me ladró su perrito, toqué su cabecita, luego movió la cola como saludándome. Entré y, de pronto, las luces se encendieron.

—¡Sorpresa! —gritaron todos.

Luego, un camino de rosas hasta el sillón donde Esteban estaba parado invitándome a que me sentara. Al acercarme, se arrodilló. ¡Oh!, ¡me pareció tan romántico! Sacó una cajita de su chaqueta, la abrió y, con voz dulce, pero firme, me pidió que fuera su esposa. Todos aplaudieron; no me dejaron contestar.

—¡Esperen!, ¡esperen! No he contestado aún.

—Ya no hay excusas, ya sabes sobre tu vida, la ley cayó sobre el asesino de tu padre, quiero amarte y protegerte, formar una familia, para que jamás te sientas sola. —Lo abracé, lo besé.

—¡Sí!, ¡sí!, ¡sí! Te amo.

Iniciándose la fiesta, celebramos la caída del malandro, nuestro compromiso; el padre Ignacio me entregaría a Esteban y así me casaría. Estaba tan emocionada, por fin mi vida tenía un rumbo fijo, lleno de amor, de personas maravillosas. Sentía que por más dura que fuera nuestra vida, si nos esforzábamos podríamos salir adelante, buscando siempre vivir dignamente.

## Fin

www.ingramcontent.com/pod-product-compliance
Lightning Source LLC
LaVergne TN
LVHW091604060526
838200LV00036B/992